V&R

KARL KÖNIG

Brüder und Schwestern

Geburtenfolge als Schicksal

Vierzehnte Auflage

Vandenhoeck & Ruprecht

Übersetzung aus dem Englischen

Titel der Originalausgabe
The Order of Birth in the Family Constellation

Bibliografische Information der Deutschen Nationalbibliothek

Die Deutsche Nationalbibliothek verzeichnet diese Publikation in der Deutschen Nationalbibliografie; detaillierte bibliografische Daten sind im Internet über <http://dnb.d-nb.de> abrufbar.

ISBN 978-3-525-59216-8

Gesamtherstellung: Hubert & Co., Göttingen

INHALT

Zum Geleit 7
Einleitung 9
Das einzige Kind 17
Das erste Kind 33
Das zweite Kind 53
Das dritte Kind 75
Epilog 93

ZUM GELEIT

Die ursprüngliche Absicht des Verfassers, das Thema des vorliegenden Buches in einer umfangreicheren Monographie darzustellen, konnte aus verschiedenen Gründen vorläufig nicht verwirklicht werden. So stimmte er dem Vorschlag zu, eine Übersetzung seiner Schrift „The Order of Birth in the Family Constellation" zu veranstalten. Herbert von Krumhaar lieferte hierfür dankenswerterweise die Manuskript-Vorlage, die von Dr. Karl König selbst in die hier wiedergegebene Form gebracht wurde.

Die Lektüre des Originals hatte Freunden, denen ich es gab, und auch meiner Familie und mir manche Lebensbereicherung und manchen hilfreichen Hinweis im Umgang mit anderen Menschen gewährt. So stellte sich die Frage einer deutschen Ausgabe von selbst, da es sich hier um eine Schrift handelt, die man gerne von Hand zu Hand weitergibt.

Woher rührt der tiefe Eindruck, den man beim Lesen dieses Buches empfängt? Es scheint der Geist zu sein, aus dem es geschrieben ist und aus dem auch der Verfasser sein großes Lebenswerk aufgebaut hat. Es ist die durch Not und Leid gegangene Liebe, die Karl König einem jeden entgegenbringt und die ihn in jedem, auch noch so unglücklichen oder entstellten menschlichen Wesen das wahre Bild des Menschen erblicken läßt. „Eine Bodelschwinghsche Figur moderner Prägung", so wurde er schon genannt. Dem Betrachter seines Lebens und Werkes scheint ein solcher Vergleich nicht übertrieben.

1902 in Wien geboren, studierte er dort — nachdem er botanische und zoologische Vorlesungen gehört hatte — Medizin und wurde Kinderarzt. Von Rudolf Steiner entscheidend beeinflußt, wandte er sich bald der Heilpädagogik zu, um sein weiteres Leben den hilfsbedürftigen Kindern zu widmen. Auf einem schlesischen Gut half er 1929 mit, eines der ersten Institute für Seelenpflege-bedürftige Kinder zu errichten. Später machten es ihm die politischen Verhältnisse unmöglich, weiter in Deutschland zu bleiben, und er kehrte 1936 nach Wien zurück, um es 1938 wieder zu verlassen.

In Schottland fand er mit seiner Familie und einem Kreis jüngerer Freunde eine erste Zuflucht und fing bald wieder an, kranken Kindern zu helfen. Der englische Staat gestattete ihm und seinen Freunden, eine heilpädagogische Arbeit schon während des Krieges aufzubauen und neue Ideen dabei zu entwickeln. Die Erfolge blieben nicht aus. Einflußreiche Verbindungen knüpften sich an, und Camphill wurde allmählich zum Zentrum einer sich immer weiter ausbreitenden Werkgemeinschaft. Heute finden sich Niederlassungen der Camphill-Bewegung in England, Schottland, Irland, USA, Süd-Afrika, Holland und der Schweiz.

Als jüngstes Land trat nun auch die Bundesrepublik Deutschland mit den ersten Heimschulen am Bodensee in diese Reihe ein*. Weit über 350 Mitarbeiter gehören jetzt zu dieser Bewegung, die in einer einzigartigen Lebens- und Gütergemeinschaft miteinander wirken und sich in den Dienst der zurückgebliebenen Kinder und Jugendlichen gestellt haben.

Manches wäre noch über den Verfasser und seine wissenschaftlichen Veröffentlichungen und Beiträge zur Heilpädagogik zu sagen. Dafür ist hier nicht der Platz. Man wird aber verstehen, warum ich davon überzeugt bin, daß die hier ausgearbeiteten Beobachtungen über die Stellung des Menschen innerhalb der Geburtenreihe für alle, die sich damit befassen, von wesentlicher Hilfe im Umgang mit Anderen sein können.

Ehrenfried Klotz

* Inzwischen sind weitere Heimschulen und eine Dorfgemeinschaft in der Bundesrepublik entstanden. Näheres hierzu s. G. M. Husemann, Der Heilpädagoge Karl König, Stuttgart 1971.

EINLEITUNG

Die vier hier veröffentlichten Aufsätze erschienen zuerst in der englischen Vierteljahrsschrift „The Cresset".* Sie wurden bald danach unter dem Titel „The Order of Birth in the Family Constellation" in Buchform veröffentlicht und zweimal hintereinander aufgelegt. Eine amerikanische Ausgabe** folgte 1963 und nun wird eine deutsche Übersetzung vorgelegt. Vielleicht erwirbt sie ähnliche Beachtung wie ihre englischen und amerikanischen Vorläufer.

Das Thema, das hier behandelt wird, hat immer wieder die Aufmerksamkeit bedeutender Denker und Beobachter der Menschennatur erregt. Denn die Frage, welche Bedeutung die Geburtenfolge für den Charakter und das Verhalten des einzelnen Menschen hat, ist nicht neu. Verschiedenste Versuche wurden gemacht, eine Antwort auf dieses Problem zu finden; bisher aber konnte keine eindeutige Lösung vorgelegt werden.

Das hing wohl vor allem daran, daß man die Antwort auf einer falschen Fährte gesucht hat. Man dachte da an Unterschiede der Intelligenz, der Initiative, des emotionellen Verhaltens und ähnliche individuelle Charakterverschiedenheiten. In diesen Bereichen aber konnten keine nennenswerten Variationen im Rahmen der Geburtenfolge entdeckt werden. Weder Intelligenz noch Charakter sind zwischen erst-, zweit- und drittgeborenen Kindern so verschieden, daß man von deutlichen Divergenzen sprechen könnte.

Niemand aber versuchte es bisher, das soziale Verhalten innerhalb der Geschwisterreihe ins Auge zu fassen. Als ich — vor jetzt sieben Jahren — mich mit diesen Fragen zu befassen begann, sammelte ich zunächst an Hand von einfachen Fra-

* „The Cresset", Journal of the Camphill Movement. (Vol. IV 1957 und Vol. V 1958)

** Brothers and Sisters. A Study in Child Psychology (New York 1963)

gebogen die Geburtenfolge von 150 mit gut bekannten Freunden. Dabei erkannte ich bald, daß weder der Habitus, noch der Charakter, noch die Fähigkeiten des Empfindens und Erkennens sich der Geburtenreihe entsprechend einordnen ließen.

Stellte ich aber die sozialen Möglichkeiten und Kontaktfähigkeit von Erst- und Zweitgeborenen zusammen, dann wurden die Unterschiede deutlich sichtbar. Ja, ein erster Sohn ordnete sich sozial ganz anders ein als ein zweites Kind. Ein Einzelkind ist in dieser Hinsicht wieder verschieden. Und bei weiteren Vergleichen und dem Studium ihres Lebens und ihrer sozialen Einstellung gaben mir meine Freunde den Schlüssel dafür, die Unterschiede ihres Verhaltens in der Geschwisterfolge zu finden.

Nun ging ich ein Stück weiter und las eine große Zahl von Romanen, Novellen und Biographien unter einem völlig neuen Gesichtspunkt: Dem der Geburtenfolge. Und bald konnte ich erkennen, daß die lebensnahen Geschichten und die großen Kunstwerke — den Autoren mehr oder weniger bewußt — der von mir erkannten Regel entsprachen. Der grüne Heinrich, Wilhelm Meister, die Buddenbrook-Geschwister, die beiden Brüder in Otto Ludwigs „Zwischen Himmel und Erde“ und viele, viele andere erdachte und erdichtete Gestalten erschienen plötzlich in einem neuen Licht!

Ein Erstgeborener hat andere Voraussetzungen für sein Verhältnis zu den ihn umgebenden Menschen als ein Zweitgeborener. Ein drittes Kind ist wieder verschieden und ein Vierter wiederholt die sozialen Züge des Ersten, wie ein Fünfter dem Zweiten, ein Sechster dem Dritten in dieser Hinsicht ähnlich sind. Und dann begann sich Figur an Figur zu fügen, um allmählich ein Bild zu enthüllen, das eine erste Antwort auf viele offene Fragen zu geben schien.

In der Begegnung mit neuen Menschen und Kindern studierte ich ihre Geburtenfolge und fand Bestätigung auf Bestätigung für das einmal Erkannte. Ich beschloß, eine größere Arbeit an Hand von Hunderten von Beispielen zu schreiben. Bisher aber konnten nur Ansätze dazu gemacht werden, denn immer vielfältiger wurde der Stoff, immer faszinierender und umfassender. Neue Bilder ergaben sich, die bis ins Mythische der Sagen- und Märchenwelt hineinführten. Das ewige Lied der „Zwei Brüder" und die große Elegie der „Zwei Schwestern" tauchten auf. Die hundertfältige Geschichte vom „Brüderlein und Schwesterlein", in der die Schwester älter als der Bruder ist. Aber gleich faszinierend ist der Bilderkreis vom älteren Bruder und der jüngeren Schwester; von den sieben Brüdern, den drei Schwestern (wer denkt nicht sofort an die drei Töchter des König Lear!), den sechs Söhnen und der siebenten Tochter! Hier werden Ur-Imaginationen des Menschseins offenbar, die — heute verborgen — dennoch wirksam sind. Langsam beginnt sich der Schleier, der diese geheimnisvollen Zusammenhänge verdeckt, zu heben.

Vor kurzem erschien eine Untersuchung, die von der „Workers Educational Association" in London an 7000 Schulkindern durchgeführt wurde. Dabei konnten sehr interessante Tatsachen aufgedeckt werden. Die Verfasserin, die diese Beobachtungen anstellte, schreibt z. B.: „Wir fanden, daß das Ältere von zwei Kindern sowohl als das Ältere von drei und mehr Geschwistern erfolgreicher im Erwerb von Mittelschulplätzen waren, als das Jüngere von zwei und das Jüngste von drei und mehr Kindern". Und weiter:

„Erstgeborene verbleiben im großen und ganzen viel länger in der Schule nach dem Schulentlassungs-Alter, als das bei Letztgeborenen der Fall ist. In Mittelschulen stieg das Verhältnis von älteren und ältesten Geschwistern von 34 % für die unter fünfzehn Jahre alten Schüler auf 43 % für die, die sechzehn Jahre und darüber waren, an. Dagegen sank das Verhältnis der Jüngeren und Jüngsten in den gleichen Altersgruppen von 29 % auf 20 %."

An diesen Beispielen zeigt sich zwischen älteren und jüngeren Geschwistern ein deutlicher Unterschied, den man leicht damit erklären könnte, daß die zuerst Geborenen eben klüger sind als die späteren Kinder. Das ist aber nicht der Fall, denn

Mary Stewart weist ganz eindeutig darauf hin, „daß sehr eingehende Untersuchungen bei Kindern und Erwachsenen ergeben haben, wie wenig Unterschiede im Intelligenzquotienten zwischen erst- und spätergeborenen Kindern nachzuweisen sind“*. Und sie fügt dann zwei Beobachtungen hinzu, die von größter Wichtigkeit sind; sie sagt: „In den Staatsschulen scheint es so zu sein, daß spät geborene Kinder weniger Vorteile aus ihren Möglichkeiten und Gegebenheiten ziehen als Erstgeborene“. Und fügt hinzu: „Letztgeborene Kinder sind nicht kraft ihrer Stellung innerhalb der Geburtenfolge weniger intelligent als Erstgeborene. Sie haben aber weniger Selbstvertrauen und Antrieb, um das Beste aus ihren Fähigkeiten herauszuholen.“

In dieser Beschreibung zeigt sich deutlich, daß nicht die Intelligenz, sondern das Verhalten eine ausschlaggebende Rolle zwischen Erst- und Spätgeborenen spielen. Wenn man dazu noch erfährt, daß „Mitgliedschaft in uniformierten Organisationen (Pfadfinder, Kadetten usw.) viel größer bei älteren und ältesten Geschwistern als den später geborenen ist“ und daß „die Ältesten von zwei Geschwistern weniger oft ins Kino gehen, als die Jüngsten von drei und mehr Geschwistern“ dann beginnen sich Unterschiede zu enthüllen, die bisher noch nicht beachtet worden waren. Die Erstgeborenen sind zielstrebiger, eindeutiger und ausgerichteter in ihrem Verhalten, als die späteren Geschwister; die letzteren nehmen das Leben leichter, während die ersteren den Erfolg und die Bewährung suchen.

Eine amerikanische Psychologin, Margaret Lautis, hat die Geburtenfolge in Familien durchuntersucht, deren Väter oder Mütter erfolgreich das Harvard-College absolviert hatten. Sie fand unter den Kindern dieser amerikanischen Oberschicht einen sehr deutlichen Unterschied zwischen Erst- und Zweitgeborenen, den sie in der folgenden Art beschreibt: „Das

* Mary Stewart: The Success of the First Born Child. (London 1962).

älteste Kind ist auf die Erwachsenen hinorientiert. Es ist ernster, empfindlicher (d. h. es ist leichter verletzlich und muß kaum bestraft werden). Es ist gewissenhaft und ‚brav'. Es liest gerne und liebt es, Dinge zusammen mit Erwachsenen zu tun. Es ist entweder ein Mutterkind und scheu, ja oft auch furchtsam; oder es ist voll Selbstvertrauen, unabhängig und in sich ruhend ... Im ersten Fall braucht das Kind die Nähe des Erwachsenen und wird von ihm geleitet und geführt. Im anderen Fall imitiert das Kind die Großen und wird zu ihrem Abbild.

Das zweite Kind hingegen ist nicht so bemüht um die Anerkennung der Erwachsenen. In dieser Hinsicht ist es kräftiger als die Erstgeborenen. Entweder ist es gelassen, bequem, freundlich, fröhlich und leicht lenkbar — trotzdem es keine besonderen Anstrengungen macht, den anderen zu gefallen. Andererseits kann es aber auch trotzig, rebellisch und unabhängig sein, fähig, eine große Zahl von Strafen zu ertragen und zu akzeptieren. Was diese beiden Typen Zweitgeborener gemeinsam haben, ist ihre relative Unberührtheit von aller Art von Strafen und ihre relative Unabhängigkeit von der Welt der Erwachsenen".*

Diese Beschreibung des Unterschiedes zwischen Erst- und Zweitgeborenen wirft ein deutliches Licht auf die Art ihres Verhaltens. Nicht die Intelligenz, nicht die geistigen Fähigkeiten oder der Umfang und die Vielfalt der Gefühle sind verschieden. Sondern die Beziehung zur Umwelt der Großen wird hier primär hervorgehoben und charakterisiert. Im sozialen Kontakt zeigen sich die Differenzen, die dann sekundär auf den Charakter in seiner Ausbildung und Entfaltung einwirken.

Allerdings sind die Verhaltensweisen nicht immer so eindeutig und einfach, wie sie hier beschrieben werden; denn die Geschwisterreihe als Ganzes muß immer mit in Betracht gezogen werden und erst wenn das geschieht, enthüllen sich die

* Zitiert aus Charles McArthur: Personalities of First and Second Children (Psychiatry 19. 47. 1956)

markanten, aber vielfältigen Züge der Erst-, Zweit- und Drittgeborenen. Brüder und Schwestern ergänzen einander und bilden zusammen eine höhere Einheit. Erst das Gesamt einer Familie ergibt eine Ganzheit, in welcher der Einzelne die ihm zustehende Aufgabe zu erfüllen hat. Grundlegend aber ist der Unterschied zwischen denen, die an erster, zweiter oder dritter Stelle der Geburtenreihe stehen. Dort entfalten sich die Haupt-Themen, die das soziale Verhalten bestimmen. Der vierte, fünfte und sechst Geborene wiederholt die drei ersten Geschwister, und die folgenden Kinder sind thematische Variationen der drei Grundmelodien.

Fällt ein Kind durch Tod oder schwere und chronische Erkrankung aus, dann rückt die gesamte Geschwisterreihe nach und die Änderung der Plätze führt meistens zu erhöhten seelischen Spannungen in den einzelnen Persönlichkeiten. Stirbt z. B. der älteste Bruder, dann tritt der Zweitgeborene an seine Stelle und kommt nun in schwere innere Konflikte, weil er seelisch etwas in seinem sozialen Verhalten umstellen muß, was bisher seiner innersten Anlage entsprochen hat.

Der ermordete amerikanische Präsident Kennedy war ein zweites Kind. Sein hochbegabter älterer Bruder, der sich darauf vorbereitete, Präsident zu werden, kam im Krieg bei einem Fliegereinsatz um. Der zweite Bruder mußte nachrükken; er war eigentlich ein Künstler; ein mutiger, frischer, unabhängiger Mensch, der nun die Schuhe der Erstgeburt anziehen mußte. Er tat dies mit völliger Hingabe und erreichte das Ziel, das seinem älteren Bruder versagt war. Eine ähnliche Schicksalsfigur waltete beim vierten und fünften Kind der gleichen Familie. Denn die Schwester Kathleen kam — als verwitwete Herzogin von Devonshire — bei einem Flugzeugunglück um. Nun mußte die fünfte, Eunice, an ihre Stelle treten. Sie ist die Frau von Sargent Shriver, dem gegenwärtigen Leiter des amerikanischen Friedens-Korps. Sie aber organisiert die ausgedehnte Hilfe, die heute in USA zurückgebliebenen Kindern und Erwachsenen gegeben wird.

Überhaupt sind die Schicksale der neun Kennedy-Geschwister ein erstaunliches und sprechendes Beispiel für die in den folgenden Aufsätzen beschriebenen Regeln der Geschwisterreihe.

Beginnt man dafür einen Blick zu entwickeln, dann eröffnen sich ganz neue Seiten für das Verständnis menschlichen Verhaltens. Was hier dargestellt wird, ist ein Anfang und kann deshalb keinerlei Anspruch auf Vollständigkeit machen. Allerdings wird eine Tür geöffnet, deren Vorhandensein bisher noch kaum bemerkt wurde. Nimmt man sie wahr und versucht man ihren Schlüssel zu erwerben, um sie aufzuschließen, dann führt sie in die drei Säle des ersten, zweiten und dritten Kindes. In diesen drei Räumen findet man die vielgestaltigen Zeichen und Embleme, die den Kindern mit in ihre Wiegen gelegt werden.

Ein Erstgeborener verhält sich anders, als ein Zweiter oder gar ein Dritter. Denn der Erste ist durch seine Erstgeburt ein traditionsgebundener Mensch; ob er es will oder nicht — ob es seinem Temperament und seiner Lebensart entspricht oder nicht — er ist vom Schicksal dazu gezwungen und geführt, ein Wahrer und Bewahrer, ein Mehrer und Behüter zu sein.

Der Zweite aber ist ein In-Sich-Ruhender; ein Freier, Ungebundener und Streifender. Die ganze Erde ist sein Eigen; nicht zum Besitz, sondern zur Freude. Nicht zum Ziel, sondern zur seligen Lust.

Der Dritte ist der Seltsame und Fremde. Der Zweite kehrt gerne nach Hause zurück; nicht so der Dritte. Er bleibt ein Eigener, In-Sich-Abgeschlossener, nach kaum erreichbaren Zielen Strebender. Die Großen unter ihnen werden Feldherren und Päpste. Johannes XXIII. z. B. war ein neuntes und daher drittes Kind; Feldmarschall Montgomery, der politisierende und eigenwillige Sieger von El Alamein ist ein Drittgeborener.

Solche Zusammenhänge zu erkennen, wird in den kommenden Jahrzehnten von größter Bedeutung sein. Denn die alten Formen der Familie sind im Umbau begriffen. Die

Großfamilien sind in Auflösung und die Kleinfamilien, die nur mehr aus Eltern und Kindern bestehen, versuchen ihre neuen Gesetzmäßigkeiten zu finden. Dazu aber wird es gehören, die besonderen sozialen Verhaltensweisen innerhalb der Geschwisterreihe zu verstehen, um den Kindern und heranwachsenden Jugendlichen besser gerecht werden zu können, als das bisher noch der Fall ist.

So möchten die hier herausgearbeiteten Regeln sozialen Verhaltens für Eltern und Lehrer, für Sozialarbeiter und Fürsorger, für Ärzte und Seelsorger eine Hilfe sein, den ihnen zu „Führung und Geleit" Anvertrauten mit neuem Verständnis zu begegnen. Nicht psychologische Beurteilung ist hilfreich, sondern menschliches Verstehen und Mitgefühl. Nicht der Test in vielerlei Gestalt begreift den anderen Menschen, sondern das Eingehen auf sein Schicksal und die Art, ob und wie er es zu bewältigen vermag. Denn solche Einsicht allein erweckt Liebe und Mitleid. Die Liebe aber „ist langmütig und freundlich, die Liebe eifert nicht, treibt nicht Mutwillen, blähet sich nicht . . ." Alles aber, was der psychologische und psychologisierende Test treibt, ist das Gegenteil der Liebe, weil sich dabei ein Mensch zum beurteilenden Richter anderer erhebt. Das macht ihn zum Eiferer, zum Mutwilligen und bläht ihn auf.

Hier aber geht es um Mit-Empfinden, Mit-Erleiden und Mit-Verstehen. Nicht katalogisierende Schematik wird gegeben, sondern der Anblick eines höheren Auftrags, unter dem wir alle stehen und den wir nur erfassen können, wenn wir ihn mit ertragen und erleiden wollen. Denn nicht der Test, nicht das Experiment und nicht die Analyse, sondern der ganze, ungeteilte Mensch „ist das Maß aller Dinge".

Brachenreuthe, am 5. Mai 1964 Dr. Karl König

DAS EINZIGE KIND

I

Es gibt so viele, das Dasein eines Menschen bestimmende Einflüsse und Umstände, daß es schwierig ist, diese komplizierten Fäden zu entwirren und sie im einzelnen zu erkennen. So gibt es z. B. angeborene Eigenschaften, welche die Entwicklung einer Persönlichkeit entscheidend beeinflussen. Das sind unsere Temperamente, die — ob wir nun Phlegmatiker, Choleriker, Sanguiniker oder Melancholiker sein mögen — aus den Tiefen unseres Wesens heraus sich bilden und nur selten von der Umwelt abhängig sind.

Viele unserer Neigungen und Talente kommen aus den verborgensten Winkeln unseres Unterbewußtseins. Das sind Eigenschaften, die oft auf Umwelteinflüsse, die aus unseren frühesten Kindheitstagen stammen, zurückzuführen sind. Schon im ersten Lebensjahr lernt ein Baby jeden erdenklichen Vokal und alle Konsonanten zu lallen oder vor sich hinzugurren. Später ahmt es dann die Sprechweise nach, die es in seiner Umgebung hört, und erwirbt dadurch seine eigene Muttersprache, — eine Sprache, die von den besonderen Schattierungen und Modulationen durchsetzt ist, die für die eng begrenzte Umwelt des heranwachsenden Kindes so charakteristisch sind. Durch Nachahmung eignet sich jedes Kind den Dialekt seiner Umgebung an.

Doch nicht nur die Redeweise wird nachgeahmt: in jeder Gegend, jedem Dorf, in jeder Landschaft gibt es — abgesehen von dem besonderen Dialekt — auch charakteristische Bewegungs- und Verhaltensweisen: die ortsgebundenen Gesten. Der Mann aus Birmingham bewegt die Hände anders als der aus Glasgow. Die Kopfbewegung, durch die ein Aberdeener den Guten-Morgen-Gruß seines Nachbarn erwidert, ist so bezeichnend, wie sie vom Nicken der Menschen an jedem anderen Ort verschieden ist. Selbst die einzelnen Bezirke der großen Städte wie London, Wien oder Berlin, lassen sich deutlich durch den Dialekt, die Gestik und die Art, wie die Leute sich anziehen und zu geben gewohnt sind, voneinander unterscheiden.

Diese wenigen Hinweise können es verständlich machen, wie mannigfaltig die inneren Kräfte und die äußeren Einflüsse sind, die unsere Persönlichkeit gestalten. Unter den so zahlreich jeden Menschen bestimmenden Faktoren ist aber einer, der meist übersehen wird, obwohl er von größter Bedeutung ist. Er durchwirkt einen wesentlichen Teil unseres Lebens und bestimmt unser Verhalten in der Gemeinschaft.

Dieser Faktor wird von dem durch die Geburt festgelegten Platz, den jedes Kind in seiner Familie einnimmt, bestimmt. Ob es ein einziges Kind ist, oder eines unter mehreren Brüdern und Schwestern; ob es ein einzelner Junge unter vielen Schwestern, oder ein Mädchen in einer Horde von Jungen ist.

Für das ganze weitere Leben eines jeden Menschen ist es von größter Bedeutung, ob er als erstes, zweites oder drittes Kind geboren wurde; ob er schon etwas älter war, als ihm kleinere Brüder und Schwestern nachfolgten; oder ob er selbst ein Spätling war und zwei oder drei Geschwister schon erwachsen waren, während er als Kleinkind noch herumlief. Hier liegen unzählige Möglichkeiten verborgen, die einen tiefen Einfluß auf das menschliche Leben ausüben.

Wenn wir die Eigenschaften finden wollen, die durch den Platz der Geburt, den ein heranwachsendes Kind in seiner Familie einnimmt, bestimmt sind, dann ist es nicht leicht, eine korrekte Antwort auf diese Frage zu geben. Es gibt wohl eine Reihe von Untersuchungen, die sich darum bemühten, die gemeinsamen Züge bei ersten, zweiten oder dritten Kindern herauszufinden. Zu verbindlichen Ergebnissen sind sie bisher noch nicht gekommen.

Eine dieser Ergebnisse stellte fest, daß „die Erstgeborenen bei der Geburt gewöhnlich kleiner und leichter sind, als die später Geborenen aus derselben Familie. Unter ihnen findet man mehr Frühreife und mehr Fälle von Abnormen, die pflegebedürftig sind. Beobachtungen für die spätere gesundheitliche und körperliche Entwicklung haben noch zu keinen gesicherten Resultaten geführt." *

Ziemlich eingehende Untersuchungen über den verschiedenen Intelligenzgrad bei erst- und später geborenen Kindern haben vorläufig nur negative Resultate erbracht: es konnten kaum irgendwelche augenfällige Unterschiede, die auswertbar waren, gefunden werden.**

Trotzdem gibt es diese Unterschiede und ein erfahrener Beobachter wird oft sagen können, ob es sich um einen Erst- oder Spätgeborenen handelt. Auch das einzige Kind zeigt in seinem ganzen Erscheinungsbild charakteristische Eigenschaften. Können wir auf eine besondere Sphäre hinweisen, an der solche Unterschiede auftreten? Gibt es ein Seelengebiet, in welchem diese Verschiedenheiten gefunden werden?

Aus meinen zahlreichen Beobachtungen wird immer deutlicher, daß nicht der Grad der Intelligenz, noch die Talente und Instinkte eines Menschen, weder sein Temperament noch sein Charakter durch seinen Ort in der Geburtenreihe bestimmt werden. Die hier erwähnten Eigenschaften gehören ausschließlich in den Bereich seiner eigenen Persönlichkeit. Sie werden teilweise durch Erbanlagen bestimmt, zum Teil aber auch durch die vorgeburtlichen Erfahrungen, durch die jedes Menschenkind zu gehen hat.

* H. E. Jones: „Environment and Mental Development" in „Manual of Child Psychology" (New York und London, 1945).

** Siehe dazu auch die in der Einleitung erwähnten neuesten Arbeiten, die sich mit dieser Problematik beschäftigen.

Die Stellung in der Geschwisterreihe jedoch ist ausschlaggebend für das Verhalten des Menschen innerhalb der Gemeinschaft. Sie bestimmt ganz wesentlich die Art, wie er auf andere Menschen reagiert; sie bestimmt seine Eignung, sich mit anderen anzufreunden, — die Art, wie er dazu fähig ist, ein Kamerad seiner Mitmenschen zu sein und sich in eine Gemeinschaft einzugliedern oder nicht. Sogar die Wahl des Ehepartners wird durch die Stellung in der Geburtenreihe maßgeblich mitbestimmt.

Diese Formen der Gemeinschaftsbeziehungen werden durch jene Grundkräfte geprägt, welche die Beziehungen der Menschen untereinander herstellen: die Formen der Kontaktfähigkeit.

Bevor wir in unseren Erwägungen weitergehen, wollen wir zunächst die Frage stellen: Worin besteht diese Kontaktfähigkeit? Welchen Kräften unserer Seele verdanken wir die Möglichkeit, anderen Menschen zu begegnen? Können wir sie definieren und näher beschreiben?

II

Kaum ein Kapitel wurde in der modernen Psychologie so vernachlässigt, wie das Problem des Kontaktes — trotzdem unser Leben in der Gemeinschaft von dieser Eigenschaft zutiefst abhängig ist. Wir alle kennen jene besonders begabten Menschen, die zu jeder Zeit und Gelegenheit leicht den Zugang zu anderen finden. Sie brauchen nur einen Raum zu betreten, in dem andere Personen anwesend sind, um bald zum Mittelpunkt dieses Kreises zu werden. Die anderen drängen sich um sie, weil sie in der Nähe dieser sozialen Zauberer sich wohl und geborgen fühlen. Für jeden gibt es ein freundliches Wort, einen herzlichen Händedruck, ein verstehendes Lächeln, einen ermunternden Blick.

Anderen hingegen fällt es schwer, ihren Mitmenschen offen entgegenzutreten und den richtigen Kontakt mit ihnen herzustellen. Sie sind scheu und zurückhaltend; nur mit größter Überwindung wird es ihnen möglich, in ein herzliches Gespräch mit anderen zu kommen. Zwischen diesen zwei polaren Typen gibt es viele Übergangsformen, die das soziale Verhalten der einzelnen Menschen bestimmen.

Wo es sich um pathologische Fälle handelt, kann die Kontaktfähigkeit entweder allzu übertrieben oder ganz verkümmert sein. Es gibt Kinder, die so sehr darauf aus sind, mit anderen Menschen in Kontakt zu kommen, daß sie sich kaum zurückhalten können, jeden, der ihnen in den Weg kommt, zu umarmen. Sie fließen förmlich über mit ihrer Sympathie und kennen keine Unterschiede bei der Wahl ihres Partners.

Wiederum gibt es Kinder — und auch Erwachsene — die mehr oder weniger unfähig sind, anderen sich zu nähern, um einen menschlichen Kontakt zu etablieren. Sie müssen deshalb nicht selbstsüchtig sein; aber die Brücke zwischen ihnen und ihrem sozialen Umkreis fehlt fast völlig. Manche sind in ihre eigene Welt eingeschlossen, andere finden eine oberflächliche Wort-Verbindung zum Gegenüber, aber eine wirkliche Begegnung findet nicht statt. Es gibt Kinder, die überhaupt nicht fähig sind, anderen Kindern sich anzuschließen, und die darauf verzichten müssen, mit ihnen zu spielen und mit ihnen zusammen gemeinsame Erfahrungen zu machen.

Die Jung'sche Psychologie beschreibt diese zwei extremen Typen als extravertierte und introvertierte Persönlichkeiten. „Der Extravertierte denkt, fühlt und handelt mit Bezug auf ein Objekt. Er verlegt sein Interesse vom Subjekt hinweg auf das Objekt und orientiert sich vor allem an dem, was außerhalb von ihm liegt. Beim Introvertierten dagegen ist das eigene Subjekt der Ausgangspunkt seiner Orientierung, während dem Objekt nur eine zweitrangige, mehr indirekte Bedeutung zugestanden wird. Dieser Menschentyp zieht sich in einer gegebenen Situation zunächst etwas zurück, wie in einer unausgesprochenen ‚Nein'-Haltung. Dann erst erfolgt seine eigentliche Reaktion." *

Jung selbst ist der Auffassung, daß „Introversion oder Extraversion, als typische Verhaltensweisen, eine wesentliche Richtung bedeuten, die den ganzen seelischen Ablauf bestimmt, die Art des gewohnheitsmäßigen Reagierens festlegt, und dadurch nicht nur für den Stil des Benehmens, sondern auch für die Entstehung der persönlichen Erfahrungen maßgebend ist." **

Es kann kaum ein Zweifel darüber bestehen, daß diese beiden grundlegenden Arten des Verhaltens, in all ihren verschiedenen Schattierungen und Abstufungen, sehr viel mit der Kontaktfindung im einzelnen Menschen zu tun haben. Sie sind bestimmend für die Verbindung zwischen dem menschlichen Subjekt und den Objekten, die ihn umgeben.

Es wäre aber nicht berechtigt, diese verhältnismäßig einfachen Merkmale menschlichen Verhaltens und ihre jeweiligen Abstufungen mit dem Kontaktvermögen selbst gleichzusetzen. Die Intro- und Extraversion geben nur die Richtung an, in welcher der einzelne zu seiner Umwelt in Beziehung tritt. Wohl kennzeichnen sie die Fähigkeit oder Unfähigkeit der einzelnen Persönlichkeiten dem Ich eines anderen zu begegnen, aber der Akt der Begegnung, der tatsächliche Kontakt, wird dadurch keineswegs erschöpfend dargestellt und beschrieben.

Es gibt kaum einen Menschen, der nicht in seiner seelischen Zusammensetzung neben Elementen der Introversion auch solche der Extraversion aufzuweisen hätte. Nur der Grad und das Mischungsverhältnis sind in jedem Falle verschieden, so daß jemand, der betont extravertierte Züge trägt, deshalb als extravertiert erscheinen mag. Er besitzt aber sicher eine ganze Anzahl von introvertierten Eigenschaften, die sich deutlich

* Jolande Jacobi: „The Psychology of C. G. Jung" (London 1951)

** C. G. Jung: „Modern Man in Search of a Soul" (London 1945) feststellen lassen, wenn sie auch von den extravertierten Bezügen überdeckt sind. Ebenso ist beim Introvertierten ein gewisses Maß an Extraversion vorhanden, das in bestimmten Augenblicken und bei besonderen Anlässen hervortreten wird.

Der Mensch ist immer und in jeder Hinsicht ein Wesen, das aus polaren Kräften aufgebaut ist. Diese Gegensätze bestimmen einander und halten sich gegenseitig die Waage. Das trifft auch auf die Polarität zu, die als Extraversion und Introversion beschrieben wird.

Wo sind die Quellen dieser beiden Tendenzen zu finden? Gibt es ein Gebiet im weiten Bereich der menschlichen Seele, das entweder introvertiert oder extravertiert ist? Oder ist es die Persönlichkeit selbst, die hier in ihrer Doppelnatur auftritt?

Es scheint nicht allzu schwer, diese Frage zu beantworten. Ein einfacher Akt der Selbstbeobachtung kann helfen, das Problem etwas näher zu verstehen.

Wenn wir uns zum Beispiel mit einer schwierigen Idee beschäftigen oder ein kompliziertes Problem zu lösen versuchen, dann konzentrieren wir unsere Gedanken darauf und sind geneigt, unsere Umwelt zu vergessen. Wir ziehen uns in das Reich der Ideen zurück und sind nur darauf bedacht, uns in unseren Gedanken zu sammeln. Wir schließen dabei manchmal sogar die Augen oder bergen den Kopf in unseren Händen, wobei die introvertierte Haltung deutlich zum Ausdruck kommt.

Ganz anders ist unser Benehmen, wenn wir an eine äußere Tätigkeit, die mit unserer Willenskraft verbunden ist, hingegeben sind. Dabei vergessen wir uns selbst und sind ganz vertieft in den Gegenstand unseres Tuns. Ob wir eine Mauer aufführen oder ein Stück Erde umgraben, ein Paar Schuhe anfertigen oder ein Feld pflügen – jede Arbeit dieser oder ähnlicher Art verlangt, daß wir uns mit dem Objekt unseres Tuns identifizieren. Ein Arbeiter, der das von ihm bearbeitete Werkstück nicht liebt, wird kaum imstande sein, seine Arbeit zufriedenstellend oder gar vollendet auszuführen. Bei jeder Tätigkeit, die wir mit unserem Willen vollbringen, müssen wir extravertiert sein, um etwas Gutes leisten zu können.

So wird deutlich, daß der Ursprung der Introversion in der Sphäre der Gedanken liegt, während die Extraversion dem Gebiet des Willens zugehört. Die introvertierten sowohl als die extravertierten Kräfte sind in jedem Menschen vorhanden, weil wir Denkende und Tuende zugleich sein müssen.

Wenn jemand dem Typ des Denkers zuneigt, dann wird er es schwerer haben, mit anderen Kontakt zu finden, als wenn er ein mehr handelnder Typ ist. Der letztere empfindet weniger Hemmungen, dem anderen Menschen unmittelbar gegenüberzutreten. Der Denker aber wird zögernd und zurückhaltend sein, wenn er versucht, anderen zu begegnen.

Hier liegt das Quellengebiet der beiden Eigenschaften, die die Richtung jeder menschlichen Kontaktsuche bestimmen. Wo aber liegt der Ursprung des Kontaktfindens selbst? Versuchen wir noch einmal uns auf uns selbst zu besinnen und den Blick nach innen zu richten. Alles, was uns umgibt – sei es Natur oder Menschenwerk – hat eine besondere Beziehung zu uns. Nicht nur, daß wir es bemerken und darüber nachdenken; es unbeachtet lassen oder es besitzen möchten! Sobald wir einem Objekt begegnen, wird es schon mit einem Vorzeichen von Zu- oder Abneigung versehen. Niemand sollte sich einbilden, er sei so „objektiv", daß er weder Sympathie noch Antipathie empfindet, wenn er einem Objekt begegnet. Mit jedem Gegenüber entsteht in uns ein augenblicklich einsetzendes Gefühl, das aus den Tiefen unserer Seele stammt. So geht es uns mit Tieren und Blumen, mit Steinen und Kristallen. Klang und Geräusch, Farben und Schatten, Geruch und Geschmack – alles erzeugt eine unmittelbare gefühlsmäßige Anteilnahme in uns.

Das Geheimnis jeder Kontaktsituation ist das Gefühl, das zwischen dem Einzelnen und dem Objekt entsteht. Die Sphäre der Empfindungen ist es, in der wir mit Sympathie oder Antipathie der uns umgebenden Welt begegnen. Oft aber ist das, was wir empfinden, nicht einfach Anziehung oder Abstoßung. Es gibt die verschiedensten Schattierungen der sogenannten ambivalenten Gefühle: wir können zur selben Zeit dem gleichen Objekt gegenüber Zuneigung sowohl als Abneigung empfinden.

Unsere Sympathien sind immer mit Extraversion, unsere Antipathien mit Introversion verbunden. Extravertiert ist die Richtung der Sympathie, introvertiert die Richtung der Antipathie. Wir sollten uns aber darüber klar sein, daß sowohl die Gefühle der Abneigung, wie die der Zuneigung, beide, die Flügel des Kontaktes sind, die uns als Einzelwesen mit der Welt verbinden. Wir begegnen unserer Umgebung auf beiderlei Art. Nur die Richtung — zueinander hin, oder voneinander fort — ist verschieden, und zuviel Sympathie ist nicht weniger schwierig zu ertragen, wie zuviel Antipathie.

Die in der Gemeinschaft wirksamen Kräfte des Menschen liegen in der Sphäre seiner Gefühle. Mit seinen Sympathiekräften kommt er den anderen entgegen, mit den entgegengesetzten zieht er sich von ihnen zurück. Das ist ein Atmungsvorgang: ein Ausströmen in Sympathie, und ein Einziehen in Antipathie. Hier ist das Urbild der menschlichen Kontaktsituation. Wenn man nur wenig oder gar keinen Anschluß an andere findet, so muß das keineswegs bedeuten, daß zu starke Kräfte der Antipathie vorhanden sind. Es kann auch so sein, daß nur ein kleiner Vorrat an Hingabe oder Abneigung besteht, weil überhaupt ein zu geringes Maß an Gefühlsvermögen da ist.

Es liegt in der Sphäre des Gefühls- und Gemütslebens, wie der Mensch seinen Kontakt mit der ihn umgebenden Welt übt und ihn zum Ausdruck bringt. Er begegnet seiner Umgebung in Antipathie wie in Sympathie. Hingabe und Abneigung, Extra- und Introversion sind die Elemente, die für seine soziale Existenz notwendig sind. Schon in der Kindheit lernt der Mensch mit diesen Kräften umzugehen.

III

Kehren wir nun zu der besonderen Rolle zurück, die dem einzelnen durch seine Stellung in der Geschwisterreihe – im Rahmen der Familie – während der Kindheit zufällt. Wie wirkt sich das auf den Kontakt mit der Umwelt, dieses besondere Betätigungsfeld unseres Gemütslebens, aus? Welchen Einfluß kann dieser Platz innerhalb der Familie auf die Entfaltung unserer Gefühlsregungen haben? Werden unsere Zu- und Abneigungen wirklich durch die Zahl der Brüder und Schwestern bestimmt, mit denen wir aufwachsen?

Um die Dinge nicht allzu kompliziert zu machen, wollen wir zunächst einen besonderen Fall besprechen: den des einzigen Kindes, diesem seltsamen Menschenexemplar, das unmittelbar unter den Fittichen seiner Eltern aufwächst und denen es oft ihr ein und alles bedeutet. Ihr Leben ist in diesem einzigen Kinde beschlossen, dessen Existenz wiederum sich an Vater und Mutter gebunden empfindet. Es ist eine Situation ganz eigener Art. Versuchen wir, Verständnis für die besondere Problematik, die hier vorliegt, zu gewinnen.

Vor einigen Jahren hat ein jüngerer englischer Dichter seine Kindheitserinnerungen veröffentlicht und seinem Buch den Titel „Das einzige Kind"* gegeben. Das Titelbild zeigt einen kleinen Buben, der zaghaft in der halbgeöffneten Tür seines Hauses steht und scheu in die Welt hinausblickt. Sein Auge ist in die Ferne, in das Irgendwo, gerichtet. Eine tragische Vereinsamung scheint um ihn herum zu liegen – um die kleine Gestalt mit Höschen und einem wollenen Jumper; die Strümpfe hängen herunter und die Sandalen sind abgenutzt. Hier tritt das Bild des Einzelkindes in aller Deutlichkeit vor uns hin. Es steht in der Tür des elterlichen Hauses; es ist weder drinnen noch draußen. Es verbleibt immer auf der Schwelle! Hinter ihm liegt der ruhige Hafen seines

* James Kirkup: „The Only Child – An Autobiography of Infancy" (London 1957)

Heims, vor ihm breitet sich alle Herrlichkeit der Welt aus. Aber das Kind ist weder hier noch dort. Es kann weder die Nestwärme genießen, noch wagt es den Sprung in die Fülle des Lebens, das vor ihm liegt. So bleibt das einzige Kind an der Schwelle stehen. Dies ist seine besondere Situation.

Der Verfasser versucht, seine seelischen Eigenheiten, die, wie er glaubt, aus seiner Vereinzelung entstanden sind, zu enträtseln. Und er beschreibt sich selbst mit folgenden Worten:

> „Still blieb er, auch wenn Fröhlichkeit ihn traf;
> Und scheu, auch wenn er liebte.
> Jetzt ist sein Blick tieftraurig Klage,
> Jetzt wieder lacht er laut; warum? bleibt Frage.
> Die Nachbarn, starr ihn musternd, seufzten sehr,
> Doch segneten sie ihn später immer mehr.
> So manchen kam er seltsam vor,
> Doch anderen erschien er nur ein Tor."

Sein Gedächtnis reicht weit in die früheste Säuglingszeit zurück. „Ich besinne mich darauf, daß ich in meinem hohen Kinderwagen lag und dessen Geruch kann ich noch heute spüren." Dann fährt er fort: „Auf frühen Photos sehe ich aus wie ein blasses, überaus ernsthaftes Kind. Von Anfang an beobachtete ich alles, war aber schweigsam und in mich gekehrt."

Einige Seiten weiter bekennt er von sich: „Ich war ein einziges Kind, aber keineswegs vereinsamt. Meine Eltern dachten wohl, daß die kleinen Strolche in unserer Umgebung nicht die rechten Spielgefährten für mich wären, und ich weiß, daß ich oft auf mich allein angewiesen war. Aber das störte mich gar nicht. Ich war vollkommen glücklich, wenn ich in meinem Kinderwagen lag und an warmen, sonnigen Tagen in sein vorspringendes Verdeck mit den seidigen Fransen hinaufblickte. Oder ich krabbelte zufrieden auf dem Steinpflaster vor unserer Haustür herum, wobei ich den dicken schwarzen

Schmutz zwischen den einzelnen Fliesen mit den Fingern herausgrub. Von meiner Bodenperspektive aus machte es mir den Eindruck, als ob ich über ein weites Meer von Steinplatten hinwegsah; dabei entdeckte ich ein unbekanntes Land, das ich vielleicht niemals betreten durfte, wo fremde Kinder spielten und andere Menschen, die kaum den Leuten auf unserer Straßenseite glichen, mit merkwürdigem Gebaren ihren Geschäften nachgingen."

Dies ist eine vollendete Beschreibung der Wesensart eines Einzelkindes. Von seiner unmittelbaren Umgebung wird er ferngehalten. Er erblickt sie durch das Tor des eigenen Hauses und die Welt von draußen kommt ihm fremdartig vor; auch dann, wenn er sie kennt. Er kann sie wohl betrachten, aber nicht betreten. Er nimmt zwar an den Geschehnissen der Welt teil, ohne aber wirklich daran teilzuhaben. Er ist kein Kind, das sich vergessen kann, sondern ein Beobachter, der zwischen sich und der Umwelt einen deutlichen Abstand wahrt.

Allmählich wird er, noch während er Kind ist, sich seines „Andersseins" im Vergleich mit den Menschen seiner Umgebung bewußt: „Im Hause meiner Großmutter, Mrs. Johnson" — damals war er vier Jahre alt — „empfand ich mit aller Deutlichkeit die übersprudelnde Lebenslust in diesem Kreise, die Vitalität und das Liebenswerte dieser Leute, die singen und lachen und herumspielen konnten und so viel schwatzten, daß einem Hören und Sehen dabei verging; — sie waren alle so anders als ich. Ich wunderte mich oft, warum ich es ihnen nicht gleichtun konnte."

Das ist die eigentümliche Situation des einzigen Kindes. Es sehnt sich danach, wie die anderen zu sein — heiter und unbefangen, lachend und weinend, voll Entgegenkommen und auch wieder Zurückhaltung. Aber all das ist ihm fremd. Es steht da und blickt ins Uferlose, weil es ein Kind der Schwelle ist.

Die Situation der Familie brachte es mit sich, daß sein Gefühlsleben unerprobt und unentwickelt blieb. Ihm fehlten die

Brüder und Schwestern, mit denen er hätte zusammen sein müssen. Es gab keine Reibungen, keinen Krach, keine Streitigkeiten, aber auch keine Herzenswärme und Zuneigung wie es im Geschwisterkreis der Fall ist. Er war ein einsames kleines Ding, das die Welt von einer höheren Warte aus betrachtete und fern von seinen Mitmenschen blieb.

James Kirkup schildert diesen Seelenzustand: „In diesem frühen Alter schon begann sich das Typische meines späteren Wesens und Lebens zu zeigen. Ich war ein recht einsames Kind, obgleich ich mir dieser Einsamkeit nicht bewußt war. Ich war sogar am liebsten allein. Aber zugleich wurde ich von der Sehnsucht zerrissen, unter anderen Menschen und in ihrem Kreise sein zu können. Ich liebte den Gedanken an das Zusammensein mit einer geradezu Whitman'schen Intensität. Wenn ich aber eine Weile im Kreis der Vettern und Kusinen gewesen war, hatte ich schon wieder den dringenden Wunsch, allein zu sein. Ich konnte mich darin selbst nicht verstehen. Es war der Beginn eines inneren Konfliktes, der mich viele Jahre lang unglücklich machen sollte."

Hier finden wir eine weitere, klare Beschreibung vom Wesen eines Einzelkindes. Es ist ein einsames Kind. Zwar sehnt es sich danach, mit anderen zu sein, aber wenn es dann dazu kommt, möchte es schon wieder mit sich allein sein. Das ist der Zwiespalt in den Empfindungen des einzigen Kindes: Anderen zu begegnen und einer der ihren zu werden – und dann doch wieder alledem sich zu entziehen. Hier begegnen wir dem deutlichen Bild der Ambivalenz.

Das einzige Kind hat niemand anderen als seine Eltern; sie aber können nicht seinesgleichen sein, da sie Erwachsene sind. Obwohl sie ihm Obdach und ein schönes Heim geben, sind sie die Großen, die hinter und über ihm, aber nicht an seiner Seite stehen. „Meine Eltern", schreibt Kirkup, „waren für mich einfach schöne, große, freundliche Menschen, bei denen ich mich glücklich und geborgen fühlte. Doch machte ich noch keinen persönlichen Unterschied zwischen ihnen: das geschah erst viele Jahre später. Auch verehrte und liebte ich nicht einen von ihnen mehr als den anderen, wie es, glaube ich, sonst bei Kindern häufig der Fall ist."

Aus dieser Feststellung geht klar hervor, daß die Eltern für das Kind wohl ein Nest der Wärme und Geborgenheit bedeuteten. Sie konnten ihm aber nicht den geselligen Austausch mit seinesgleichen ersetzen, der für die Entfaltung des Gefühlslebens in einem sich entwickelnden Kinde so grundlegend wichtig ist. Eine andere seiner Bemerkungen bestätigt das. Der kleine Bub war gewohnt, an jedem Sonntag seine Großmutter und Tante zu besuchen: „Dann wanderte ich wieder zur Haltestelle der Straßenbahn, nachdem ich Großmama und Tante Anna geküßt hatte — etwas, das ich nicht leiden mochte, denn ich küßte nur Vater und Mutter gern. Es war für mich schrecklich, andere Menschen zu küssen." Warum kam es ihm schrecklich vor? Weil es außer seinen Eltern in Wirklichkeit keine anderen Menschen für ihn gab. Die anderen waren Fremde, Ausländer aus einem fernen Land, aus Gegenden, die das Kind noch nie betreten hatte.

Es war für ihn auch schwierig und mühsam, die Gegenwart anderer Menschen zu ertragen. „Meine Mutter erzählt, daß es sie manchmal ‚fast rasend machen' konnte, wenn ich steif und unbeweglich dasaß, ohne ein Wort zu reden, während andere Kinder meines Alters nur so dahinplapperten. Wenn freundliche Unbekannte zuweilen stehen blieben, um sich mit mir zu unterhalten, konnten sie kein Wort aus mir herausholen."

Als er dann später in die Schule kam, ging es dort genau so weiter. „Ich schloß keine Freundschaften", weiß er zu berichten. „Wegen meiner Schweigsamkeit und Verschlossenheit behandelten mich andere Kinder — und auch einige Lehrer — als ob ich nicht normal wäre. Sie nannten mich blöde, aber das störte mich nicht. Die Spielstunden waren mir ein Greuel, denn Spiele irgendwelcher Art mochte ich nicht. Der Spielplatz mit einer Horde von wilden, schreienden Kindern wurde zum Ort des Schreckens für mich. Ich versuchte immer, mich im Halbdunkel des Schuppens – einer großen offenen Überdachung am Ende des Spielplatzes – möglichst unsichtbar zu machen."

Das ist wiederum bezeichnend für das Einzelkind. Der Spielplatz ist erfüllt vom Treiben und Toben seiner Mitschüler, aber das einzige Kind bleibt abseits, in der Sicherheit eines einsamen, offenen Schuppens, an der Schwelle des Lebens.

Solche Beschreibungen sind wesentlich, denn sie schildern die wirkliche Lage des Kindes, um das es sich handelt, viel besser, als psychologisierende Aussagen es vermöchten. Das ambivalente Gefühlsleben setzt sich im Einzelkind so fest, daß es ihn sein ganzes Leben lang begleitet.

Auch wenn das einzige Kind herangewachsen ist, bleibt es in einer Art von „splendid isolation" befangen. Es steht immer am Rande des Daseins, unfähig, in die Fülle des Lebens einzutauchen. Viele dieser einsamen Kinder zeigen im späteren Leben merkwürdig neurotische Züge in ihrem Verhalten. Auf Grund ihrer Vereinzelung entwickeln sich bei ihnen seltsame Gewohnheiten, die sie zu Eremiten oder zu ausgesprochenen Sonderlingen werden lassen.

Es gibt ganz verschiedene Formen dieses Einzel-Seins. Sie sind so mannigfaltig, wie unser Dasein als Mensch immer voll unendlicher Variationen ist. Doch bei aller Verschiedenheit klingt dauernd der Grundton der Vereinzelung durch. Er besteht in der Schwierigkeit, mit den Nebenmenschen normalen Kontakt zu pflegen und sich in natürlicher Gelöstheit anderen einzugliedern.

Das einzige Kind ist allzuoft geneigt, sich um eine besondere Anerkennung und Wertschätzung in der Gemeinschaft zu bemühen. Da es ihm nicht möglich ist, einer unter den vielen zu sein, sehnt es sich nach einer Ausnahmestellung und nach einem höheren Platz im Leben. Es nimmt dann tatsächlich oft eine besondere Stellung ein oder ruht nicht, ehe es ihm gelungen ist, dieses Ziel zu erreichen.

Das Einzelkind wird immer wieder zwischen „zuviel" und „zuwenig" geselligem Kontakt deshalb hin- und herschwanken, weil es sich seiner sozialen Fähigkeiten nicht allzu sicher fühlt. Bei Frauen kann dies zu einer Art von betontem Abstand, ja zu einer starren Haltung auch in der Behandlung der eigenen Kinder führen. Viele einzige Kinder bleiben unverheiratet; wenn sie dann doch heiraten, passen sie schlecht in den Rahmen ihrer eigenen Familie hinein.

All dies scheint uns ein fast düsteres Bild der Schicksale des einzigen Kindes vor Augen zu führen. Es sollte aber nicht als Warnung gelten. Einzelkinder muß es auch geben. Ihre Eigenschaften können gerade sie zu großen Leistungen und zu hohem Vollbringen leiten. Durch seinen Ausnahmezustand kann ein Einzelkind sich manchmal zu Zielen erheben, die anderen unerreichbar sind.

Einer der Größten unter den einzigen Kindern war Johannes der Täufer. Da er der erste Sohn hochbetagter Eltern war, hatte er weder Brüder noch Schwestern und wohl nur wenige Gefährten und Freunde. Dennoch wuchs er heran „und ward stark im Geiste; und er war in der Wüste, bis daß er sollte hervortreten vor das Volk Israel" (Lukas 1, 80).

In Johannes dem Täufer konnten sich die höchsten Fähigkeiten des Einzelkindes erfüllen und enthüllen. Allerdings – später wird er eingekerkert und kehrt in die Einsamkeit zurück. Doch hatte er „den Heiligen Geist vom Himmel herabkommen sehen wie eine Taube", als es ihm vergönnt war, den Menschensohn zu taufen, der Gottes einziger und eingeborener Sohn ist.

DAS ERSTE KIND

I

Wir wenden uns dem erstgeborenen Kinde zu. Dabei ergibt sich sofort die Frage: Ist nicht das Einzelkind ebenfalls ein Erstgeborenes? Das ist es wohl, aber es ist ganz verschieden von allen anderen erstgeborenen Kindern, die am Anfang einer längeren oder kürzeren Reihe von Brüdern und Schwestern stehen. Wenn wir diese Unterscheidung etwas genauer betrachten, dann begegnen wir sofort einigen charakteristischen Merkmalen des ersten Kindes.

Es gibt zwei Gruppen von Erstgeborenen: die eine umfaßt die einzigen Kinder, die andere aber alle jene, die ihren später geborenen Brüdern und Schwestern vorangehen. Eine tiefe Kluft trennt beide Gruppen; denn das einzige Kind ist immer auf sich selbst gestellt – das Erstgeborene hingegen ist eines unter anderen. Wir können daher vom ersten Kinde sagen, daß es entweder ein Einzelkind bleibt oder zum ersten einer verschiedenen Anzahl von Geschwistern wird. Wir müssen diesen Unterschied festhalten, obwohl beide Formen zum Kreis der erstgeborenen Kinder gehören.

In alten Zeiten hatte das erste Kind einen besonderen Vorrang vor seinen Geschwistern. Und auch heute noch spielt es, ob Sohn oder Tochter, eine besondere Rolle im Leben der Eltern. Kein anderes Kind wird so sehnlichst erwartet und mit solcher Freude und ehrfüchtiger Dankbarkeit begrüßt. Schon Monate vorher sind die jungen Eheleute von einer leuchtenden Wärme der Empfindungen und Gefühle erfüllt. Sie tragen von Anfang an ein gemeinsames Geheimnis. Allmählich vertrauen sie es dann den nächsten Verwandten und Freunden an: ein Kind ist unterwegs zu uns! Sie fühlen sich wie von einer Glorie umgeben, die einer Gnade gleich auf sie herabsteigt. „Ein Kind ist uns beschieden! Ein Kind wird unser sein!" Mit Stolz und freudigem Eifer werden die Vorbereitungen für das große Ereignis getroffen. Dieses Kind, das ihnen als erstes geschenkt wird, ist meist ein wahrhaft Erwartetes und sein Einzug wird so vorbereitet, als gälte es, einen Prinzen oder eine Prinzessin zu empfangen.

Mit Innigkeit erwartet, mit Freude begrüßt — und als kostbarster Besitz betrachtet — so beginnt das Leben des erstgeborenen Kindes. Keinem der folgenden Geschwister wird je wieder ein so triumphaler Empfang in das irdische Dasein bereitet werden. Das zweite und dritte Kind— mögen sie noch so willkommen sein — der strahlende Glanz in den Herzen der Eltern hat allmählich nachgelassen. Das Ereignis der Geburt ist nicht mehr das Außerordentliche, das es beim ersten Mal gewesen ist.

In der Frühzeit der Menschheit hatten die Eltern nicht einmal ein Recht auf ihr ältestes Kind. Es galt als Eigentum des überirdischen Wesens, das als Oberhaupt der Sippe, des Stammes oder des ganzen Volkes angesehen wurde. Die meisten erstgeborenen Kinder wurden in alten Zeiten entweder auf den Altären ihrer Eltern geopfert oder den Elementen ausgesetzt. Heute erscheinen uns solche Gebräuche grausam und grauenhaft. In Wirklichkeit waren sie aber der Ausdruck einer ehrfürchtigen Haltung gegenüber der lokalen Gottheit.

„In Indien hat noch bis zum Beginn des neunzehnten Jahrhunderts der Brauch bestanden, daß erstgeborene Kinder häufig dem Ganges geopfert wurden. Wie man hört, hat das Erstgeborene bei den Indern immer als besonders heilig gegolten — zumal wenn es als Erhörung der Gelübde von Eltern geboren wurde, die lange keine Kinder bekommen hatten. In solchen Fällen war die Opferung des Kindes in Indien nichts Ungewöhnliches." *

„Wenn in Uganda das erstgeborene Kind eines Häuptlings oder einer anderen führenden Persönlichkeit ein Sohn ist, wird er von der Hebamme erwürgt und sie versichert dann, daß das Kind tot zur Welt gekommen sei. Das geschieht, um das Leben des Vaters nicht zu gefährden. Denn wenn ihm zuerst ein Sohn geboren ist, stürbe er bald, und das Kind würde dann alles erben, was er besitzt."

„In Britisch Kolumbien verehren die Kutonaqa-Indianer die Sonne und opfern ihr die erstgeborenen Söhne. Wenn eine Frau dort ein Kind trägt, betet sie zur Sonne und sagt: „Ich erwarte ein Kind. Wenn es geboren wird, will ich es Dir darbringen. Erbarme Dich unser."

„Unter den Salish-Indianern im gleichen Gebiet wird das erste Kind oft der Sonne geopfert, um dadurch für die ganze Familie Gesundheit und Wohlergehen zu erwirken."

In den letzten beiden Berichten wird die innere Bedeutung eines solchen Opfers erkennbar. Das erste Kind wird zur geistigen Welt zurückgesandt, um zum Beschützer und Wächter der ganzen Familie zu werden. Es wird die nachfolgenden Kinder zur Erde hinabgeleiten und ihr geistiger Lenker und Freund bleiben.

Etwas Ähnliches existierte unter den semitischen Völkern, besonders den Juden. „In Jerusalem gab es in jenen Tagen (zur Zeit der frühen Propheten) einen besonders dafür bestimmten Ort, an dem die Eltern ihre Kinder — Mädchen sowohl wie Knaben — zu Ehren von Baal oder Moloch verbrannten. Er lag im Tal von Hinnom, außerhalb der Stadtmauer, und er wurde Tophet genannt. Diese furchtbare Tatsache wird immer wieder mit trauervoller Entrüstung von den Propheten erwähnt."

Zu jener Zeit hatten sich solche Gebräuche eigentlich schon

* Dies sowie die folgenden Zitate sind dem Werk von Sir James Frazer „The Dying God" (London 1936) entnommen.

längst überlebt. Wenn sie noch auftraten, waren sie ein Rückfall in uralte Zustände, ohne deren ursprünglichen kultischen Sinn zu enthalten. Denn schon Abraham, als er geprüft wurde, ob er bereit wäre, seinen ältesten Sohn zu opfern, wurde vom Vollzug dieser Handlung erlöst und befreit; ein Widder erschien an Isaaks Stelle auf dem Altar. Von da an waren alle diese Menschenopfer unnötig und daher verabscheuungswürdig geworden.

Wir alle tragen aber noch Überreste solcher Glaubensvorstellungen und -vorschriften in uns. Sie sind aus dem Bereich unseres gewöhnlichen Tagesbewußtseins verschwunden. Doch in den tieferen Schichten der Seele, in unserem Unterbewußtsein, sind sie noch immer vorhanden. Von dort her wirken sie nach wie vor auf unsere Gedanken und Taten ein.

II

Der besondere Glanz, der das Haupt des erstgeborenen Kindes umgibt, ist ein Teil dieser urzeitlichen Einbildungskraft, (Rudolf Kassner), die tief in unserem Seelengrunde erlebt wird. Ihre Auswirkung betrifft das Einzelkind so gut wie das Erstgeborene. Beide sind ganz besondere Kinder, die durch den Rang ihrer Geburt erhöht werden. Das Einzelkind aber bleibt immer allein; ein Schäfer ohne Herde, ein Fürst ohne Gefolge.

Die Stellung des Erstgeborenen hingegen ist eine andere. Eine Zeit lang ist auch er ein Einzelkind, bis ihm eines Tages ein kleiner Säugling gezeigt wird und er erfährt, daß dies in Zukunft sein Begleiter und naher Verwandter sein wird. Sehr charakteristisch wird dieser Augenblick von Helen Keller beschrieben*: „Lange Zeit betrachtete ich meine kleine Schwester als Eindringling. Ich wußte, daß ich aufgehört hatte,

* Helen Keller: Geschichte meines Lebens (Bern 1955)

meiner Mutter einziger Liebling zu sein und der Gedanke daran erfüllte mich mit Eifersucht. Die Kleine saß ständig auf Mutters Schoß, dort, wo mein gewohnter Platz war und schien alle ihre Sorge und Zeit in Anspruch zu nehmen."

Es braucht eine gewisse Zeit, bis das erste Kind bereit ist, sich mit seinem Bruder oder seiner Schwester abzufinden. Das hängt vor allem vom Altersunterschied ab; aber auch von der Einstellung der Eltern, den häuslichen Verhältnissen und nicht zuletzt vom Temperament und der Veranlagung des Kindes selbst.

Wir wissen, daß es in manchen Fällen gar nicht möglich ist, das erste Kind zum Annehmen des zweiten Geschwisterchens zu bewegen. Dann muß das Jüngere Ausbrüche von Zorn und Eifersucht ertragen und kann sich oft nur schwer seinen ihm zukommenden Platz in der Familie erobern. Mit etwas Takt und Einfühlung seitens der Eltern können solche Schwierigkeiten überwunden und meist in kurzer Zeit ausgeglichen werden.

Der Dichter Carl Spitteler, der wohl das reizendste Buch über Kindheitserinnerungen — „Meine frühesten Erlebnisse" — geschrieben hat, schildert, wie er gar nicht entzückt von der Ankunft seines kleinen Bruders war. Er hätte ihm nicht gleichgültiger sein können, und er weigerte sich, etwas mit diesem kleinen lebendigen Bündel zu tun zu haben. Aber das änderte sich: *„Sobald er auf seinen zwei Beinen stehen konnte und als Spielgefährte in Betracht kam, wurde er von mir angenommen." Lebhaft beschreibt er die Szene, wie an einem heißen Sommertag beide in die Wanne gesteckt wurden und sich mit gemeinsamer Begeisterung über das kühle Element freuten. — „Kein Streit, kein Drängen um den Platz, im Gegenteil: wir lärmten und schrien, spritzten und planschten nach Herzenslust, ganz friedlich im Verein und um die Wette."

Gewöhnlich wird dieser zarte Zusammenstoß bei der Begegnung zwischen dem ersten und dem zweiten Kind von

* Carl Spitteler: Meine frühesten Erlebnisse. (Jena 1914)

den Psychologen in seiner Bedeutung überschätzt, wenn er auch in der Entwicklung eines Kindes eine gewisse Rolle spielt. Die beiden kleinen Rivalen können leicht zueinander finden, wenn sie die Entschlossenheit ihrer Eltern, keines dem andern vorzuziehen, erfahren haben. Hier müssen sich Vater und Mutter dessen bewußt sein, was sie empfinden und tun. Wenn sie das erste und das zweite Kind mit der gleichen Fürsorge und Zärtlichkeit umgeben und jedem der beiden die ungeteilte elterliche Führung angedeihen lassen, wird dieses Verhalten die beste Gewähr für die Überwindung der anfänglichen Schwierigkeiten sein, die zwischen den beiden Kindern entstehen.

Diese kritischen Momente im Zusammenleben der Geschwister verlangen viel Anstrengung von seiten der Eltern sowohl als der Kinder. Dabei haben es die Erstgeborenen noch schwerer als die späteren Geschwister. Das erste Kind fängt nämlich bald zu begreifen an, daß sein „Platz an der Sonne" gefährdet ist durch jemand, den es bis jetzt überhaupt nicht gekannt hat. Plötzlich ist neben ihm ein anderes Wesen, das nicht nur sein Zimmer teilt, sondern auch sein Zuhause und die vertraute Geborgenheit im Schoß der Eltern. Woher kam dieser neue Mensch?

Für das zweite Kind kann der Schock manchmal noch größer sein. Es wollte kommen und sich zu seinen Eltern, zu Vater und Mutter, gesellen. Und nun muß es entdecken, daß da schon ein Anderer ist, der den Platz, welchen er sich zugedacht hatte, einnimmt.

Hieraus entwickeln sich zwei voneinander verschiedene Seelenhaltungen. Das erste Kind muß seinen angestammten Platz verteidigen — das zweite Kind aber hat sich diesen Platz zu erobern, der von einem andern besetzt gehalten wird. Diese Ausgangssituation ist für die beiden Geschwister gänzlich verschieden und hat auf ihre späteren mitmenschlichen Beziehungen den größten Einfluß.

Das erste Kind ist ein Verteidiger. Ein Verteidiger des Glaubens*, ein Verteidiger der Tradition, ein Bewahrer der Familie. Das erste Kind schützt die ererbte Vergangenheit vor dem Ansturm neuer Ideen und Taten. Es muß dasjenige bewahren, was schon erreicht worden ist. Das erste Kind tritt für das Vergangene ein; ob es ihm gefällt oder nicht. Es wäre interessant, einmal zu untersuchen, wieviele erstgeborene Kinder sich unter Verteidigern, Rechtsanwälten und Richtern befinden. Wahrscheinlich sind sie — gegenüber den an zweiter und dritter Stelle Geborenen — weitaus in der Mehrzahl. Da, wo es auf Recht und Ordnung, Überlieferung und ruhigen Fortbestand ankommt, gehört das erste Kind hin. Das erste Kind ist der Erbe der Krone, der Titel, der führenden Stellung innerhalb der Familie, wie des überkommenen Besitzes an geistigen und materiellen Werten. Alle diese Verpflichtungen und Besitzansprüche werden in die Hände und auf die Schultern des Erstgeborenen gelegt, weil er von frühester Kindheit an für die Bewahrung alter Werte und ihre Verteidigung erzogen worden ist.

So hat das erste Kind eine einzigartige Stellung im Leben der Welt sowohl als der Familie. Je größer die Zahl seiner Brüder und Schwestern wird, desto deutlicher tritt seine Sonderstellung unter ihnen hervor. Er ist das Bindeglied zwischen den Eltern einerseits und seinen Brüdern und Schwestern anderseits. Ein solches Zwischenglied kann aber entweder eine Brücke oder eine Trennwand sein — wie eine Tür, die entweder geöffnet oder geschlossen gehalten wird.

Das sind zwei Wesensmerkmale des ersten Kindes: es kann den Weg versperren, aber auch die Brücke bilden, die aus der Vergangenheit in die Zukunft führt. Es hat in Wahrheit zwei Gesichter — das eine ist den Eltern zugewandt, die die Vergangenheit verkörpern; das andere schaut auf seine Brüder und Schwestern, wobei es in die Zukunft blickt. So hat die Stellung des ersten Kindes im ganzen Ablauf des Lebensstromes eine sehr bedeutsame und besondere Funktion.

* Einer der Titel, die dem englischen König zukommen. (d. Übers.)

III

Eine interessante Bestätigung für unsere Beobachtungen bieten gewisse statistische Untersuchungen. Es gilt als Tatsache, daß unter den ersten Kindern mehr Knaben als Mädchen geboren werden, daß dieses zahlenmäßige Übergewicht aber beim dritten Kind allmählich zurückgeht. Beim vierten Kind beginnt es dann wieder anzusteigen.

Dieses Verhalten in Tabellenform dargestellt ergibt die unten angeführten Werte. Das zahlenmäßige Verhältnis der Geschlechter (sex-ratio) zeigt die Anzahl der männlichen Nachkommen auf je hundert weibliche an. „Ein Geschlechter-Verhältnis von 100 bedeutet also das Gleichgewicht zwischen Knaben- und Mädchengeburten. Überall werden für gewöhnlich mehr Knaben als Mädchen geboren. In den meisten zivilisierten Ländern liegt dieses Verhältnis ungefähr bei 105." * Bei erstgeborenen Kindern aber steigt es zugunsten der Knabengeburten an.

Geburtenfolge	Neuseeland	Nach Angaben in „Who's Who in America"	Neu-England I	Neu-England II
1. Kind	108,1	111,2	129,0	115,5
2. Kind	105,4	104,2	109,8	116,2
3. Kind	104,1	101,7	103,5	113,0
4. Kind	104,4	113,4	124,5	—

I. Familien mit vier oder mehr Kindern
II. Familien mit einem bis zu drei Kindern.

Aus dieser Tabelle wird deutlich, daß stets ein größerer Prozentsatz von Männern mit den Aufgaben des erstgebo-

* Die Tabelle sowohl als dieses und folgende Zitate sind dem Buch von Ellsworth Huntington „Season of Birth" (New York und London 1938) entnommen.

renen Kindes betraut wird. Es ist männliche Art, ein Beschützer zu sein, und daher ist wohl die Zahl der männlichen Geburten unter den Erstgeborenen besonders hoch.

Es gibt noch eine interessante und bezeichnende Eigenschaft, die zum Range der Erstgeburt zu gehören scheint. Wenn nicht der Intelligenzquotient als Maßstab der Fähigkeiten eines Menschen angenommen wird, sondern seine Leistungen, die in seiner Laufbahn und seinen Erfolgen zum Ausdruck kommen, dann könnte dadurch ein klarer Hinweis auf den Geburtsrang gegeben werden.

„Mr. Ziegler hat aus genealogischen Büchern etwa 1210 Personen ausgewählt, deren Charaktere und Leistungen nach den Berichten in „Who's Who" über dem Durchschnitt standen. Er hat sie nach beiden Gesichtspunkten eingeteilt — nach der Rangstufe ihrer Geburt und Kinderzahl in ihrer elterlichen Familie. Dadurch erhalten wir ein ziemlich genaues Bild, in welchem Umfang führende Persönlichkeiten Amerikas aus Familien verschiedener Größenordnung stammen und welchen Platz sie in der Geburtenreihe einnahmen." Die folgende Tabelle zeigt die betreffenden Zahlen und weist deutlich darauf hin, welch bedeutende Rolle den Erstgeborenen zufällt.

* Geburtenfolge		1	2	3	4	5	6	7	Summe
Größe der Familie (Kinderzahl)	1	46	—	—	—	—	—	—	46
	2	59	33	—	—	—	—	—	92
	3	73	34	32	—	—	—	—	140
	4	53	42	47	28	—	—	—	170
	5	42	34	22	24	18	—	—	141
	6	27	15	24	21	20	19	—	126
	7	25	18	18	22	14	14	23	134
		326	177	143	95	52	33	23	849

* Die Tabelle in Huntingtons Buch umfaßt Familien mit bis zu 15 Kindern. Um es zu verdeutlichen, bringe ich hier nur die Zahlen, die sich auf Familien mit bis zu höchstens 7 Kindern beziehen.

Hiernach ist es unverkennbar, daß in Familien verschiedenster Größe das erste Kind in seinen Leistungen am weitesten voran steht. Besonders in kleinen Familien ist es darin seinen zweiten und dritten Brüdern und Schwestern sehr voraus.

Durch diese Beispiele tritt die Art und Veranlagung der erstgeborenen Kinder überzeugend hervor. Das erste Kind hat nicht die Abstand wahrende Haltung des einzigen Kindes. Das Letztere mag es wohl zu hohem Ansehen im Leben bringen, aber innerlich wird es immer ein Einsiedler bleiben – ein Mensch, der sich nach vertrautem Umgang sehnt, der ihm aber selten zuteil wird. Das erste Kind ist, bei gleich hervorragender äußerer Stellung, kein einsames Wesen. Es muß eine führende Rolle spielen, zunächst unter seinen Brüdern und Schwestern und später unter seinen Mitmenschen. Der Erstgeborene hat ein hohes Verantwortungsgefühl, das sich auf viele Dinge erstreckt, die in seiner Umgebung sich vollziehen. Es kann sein, daß sich ein stolzes Selbstgefühl und manchmal ein überhebliches Wesen in ihm entwickeln, die dadurch entstehen, daß er den Forderungen seines Verantwortungsbewußtseins gerecht werden will.

Leicht wird sich bei ihm die Gewohnheit einstellen, Frau und Kinder herumzukommandieren – und ebenso von einem größeren Kreis von Freunden und Verwandten zu erwarten, daß sie in ihm die Persönlichkeit sehen, die zuerst befragt werden muß, wenn es sich um wichtige Entscheidungen handelt. Manche Erstgeborene empfinden Bitterkeit und fühlen sich zurückgesetzt, wenn sie den Eindruck haben, daß ihrer Stellung nicht der gebührende Respekt erwiesen wird.

Alles von ihnen Erreichte ist mit einem leisen Schuldgefühl verbunden. Das liegt daran, daß ihnen gewisse Möglichkeiten vorenthalten wurden, die anderen seit ihrer frühen Kindheit offenstehen. Das erste Kind muß auf Verteidigung bedacht sein, auch wenn es oft viel lieber angreifen würde. Es muß sich manchmal fügen, auch dort, wo es ihm nicht richtig scheint. Das erste Kind gehorcht oft unter Umständen, unter welchen es eher revoltieren möchte. Die Erstgeborenen sind die Vorhut, die sich langsam und stetig beim Vormarsch der Menschheit vorwärts bewegt.

Oft gibt es eine starke und schmerzlich empfundene Spannung im Gemütsleben der ersten Kinder. In vielen von ihnen lebt die Ungeduld, so bald als möglich zu Einfluß und Ansehen zu gelangen. Das liegt aber nicht immer an einem Willen zur Macht oder Ehrgeiz. Es kann auch die Folge eines hohen Idealismus sein, der die Welt reformieren möchte. Diese Zielsetzung aber steht im Widerspruch zu den ererbten Kräften des Beharrens, da der Erstgeborene dazu berufen ist, zu bewahren und zu beschützen.

IV

Diese allgemeinen Grundtendenzen eines Erstgeborenen können sich aber umgestalten oder verwandeln, je nach Zusammensetzung und Art der Familie, der er angehört. Es ist nicht dasselbe, ob man das ältere von zwei Kindern ist, oder das erste von drei oder vier oder noch mehr Geschwistern. Es macht auch einen Unterschied, ob auf einen männlichen Erstgeborenen eine oder zwei Schwestern folgen oder ob eine Reihe von Brüdern ihm nachkommen.

Je größer die Anzahl der Kinder, desto größer sind die Möglichkeiten, die sich in der Anordnung der Geschwisterreihe ergeben. In einer Familie mit nur zwei Kindern gibt es vier Möglichkeiten: entweder sind es zwei Knaben oder zwei Mädchen; oder Junge und Mädchen, oder Mädchen und Junge. Hier gibt es „nur" vier Variationen; aber wie verschieden sind diese vier Arten von Familien in ihrer Grundstruktur! Wie groß ist der Unterschied, wenn eine Schwester einen kleinen Bruder, oder aber ein Bruder eine jüngere Schwester hat. Wenn man einen Menschen beurteilen will, sollte man immer die Gruppierung seiner Familie und seine eigene Stellung darin mit berücksichtigen.

In Familien mit drei Kindern gibt es schon acht verschiedene Möglichkeiten. Wenn vier Kinder da sind, ergeben sich sechzehn Varianten. Jede solche Art der Gliederung übt ihren Einfluß auf das heranwachsende Kind aus — besonders auf das älteste, da es der natürliche Anführer des ganzen Geschwisterkreises, dessen Entfaltung auch sein eigenes Wesen mitbestimmt, ist.

Diese verschiedenen Familien-Strukturen sind — in ihrem Zusammenklingen — gleich musikalischen Motiven oder Melodien. So gibt es das „Motiv der beiden Schwestern". Die Älteste wird sich sehr bald ihrer Verpflichtungen gegenüber der Jüngeren bewußt und reagiert dementsprechend. Dabei entwickeln sich manchmal Charakterzüge bei der Älteren, die nicht immer angenehm sind. Bei manchen kommt eine männliche Komponente zum Vorschein, die das Mädchenhafte und Frauliche in ihnen zurückdrängt. Diese Art männlicher Züge können verschiedener Natur sein. Bei dem einen Mädchen wird sich etwas Unbekümmertes und Draufgängerisches entwickeln, das burschikos wirkt und eher zum Wesen eines lebenslustigen Studenten paßt. Eine andere ältere Schwester drängt es vielleicht nach völliger Unabhängigkeit und Eigenständigkeit. Sie gewöhnt sich in übertriebenem Maß das Rauchen an, obgleich es ihr eigentlich gar keinen Spaß macht. Oft erweckt es den Anschein, als ob die ältere Schwester männliche Gewohnheiten annimmt, um vor der jüngeren die Rolle des Bruders zu spielen. So kann ein etwas androgyner Typus im ersten Kind, falls es weiblich ist, zum Vorschein kommen.

Das Gegenteil ist bei erstgeborenen Mädchen der Fall, deren zweites Geschwister ein Bruder ist. Dann treten die weiblichen Züge besonders stark zutage, obgleich auch das in verschiedenster Art geschehen kann. Bei manchen wird das mütterliche Wesen vorherrschend sein, bei anderen dagegen ihre Schutz- und Anlehnungsbedürftigkeit. In den meisten Fällen ist eine Seite ihrer Weiblichkeit besonders stark ausgeprägt, so als wären durch den kleinen Bruder die weiblichen Gefühle schon sehr früh in ihnen geweckt und gestärkt worden.

Es ist oft recht erstaunlich, diese Unterschiede zu beobachten, wenn man nur erst den Schlüssel zu ihrem Verständnis gefunden hat. Verwunderlich ist es aber, festzustellen, wie wenig Aufmerksamkeit dem Zusammenhang zwischen diesen Eigenschaften und den Umweltbedingungen während der Kindheit bisher geschenkt worden ist. Hier liegen — was wir erst jetzt zu erkennen beginnen — manche Wurzeln für unser späteres soziales Verhalten innerhalb der Gemeinschaft.

Eine Familie mit drei Schwestern gibt wieder einen anderen Rahmen für die Älteste ab. Ich hatte Gelegenheit, mehrere solche Familien genauer kennenzulernen. Immer hatte die älteste Tochter in ihrem Benehmen etwas Typisches, das schwer in Worte zu fassen ist. Ohne sich dessen bewußt zu sein, nahm sie etwas vom Wesen einer hochadeligen Dame an, der man nur schwer nahekommen kann. Ihr Kontakt mit den anderen Schwestern und übrigen Menschen vollzieht sich wie durch eine gläserne Wand hindurch und erst später im Leben, wenn sie reifer werden und vielleicht eine eigene Familie begründen, kehren sie zu einfachen und natürlichen Umgangsformen zurück. Waren nicht die beiden jüngeren Schwestern wie Hofdamen oder Dienerinnen, die ihr die Möglichkeit gaben, sich so „königlich" zu gebärden?

Sobald ein Bruder hinzukommt, scheint sich alles zu ändern und wieder normaler zu werden. In der Umgebung von zwei Schwestern und einem Bruder oder von einem Bruder und einer Schwester treten die ursprünglichen Züge des ersten Kindes wieder hervor, ohne in Abstrusitäten auszuarten.

Die Art des Reagierens der erstgeborenen Brüder auf die Struktur ihrer Familie ist wieder anders. Die werdende Persönlichkeit eines Jungen ist viel mehr auf sich selbst gestellt.

Deshalb wird er sich auch ganz anders verhalten. Wenn er mit zwei oder drei Brüdern fertig werden soll, muß er sich selbst in Form bringen, um seine Stellung als Anführer unter ihnen behaupten zu können. Manche werden dann versuchen, ihre speziellen Begabungen und Neigungen ganz besonders zu entwickeln, um es auf diesem Felde zu besonderen Leistungen zu bringen. Sie verlegen sich dann auf ein bestimmtes Hobby oder eine besondere Sportart; auch können sie ein engeres Wissensgebiet erwählen, um ihre besonderen Fähigkeiten und Talente glänzen zu lassen.

Sobald eine oder gar zwei Schwestern hinzugekommen sind, wird der älteste Sohn ausgeglichener und ritterlicher in seinen Umgangsformen werden. Wenn aber zwei oder gar drei jüngere Schwestern da sind und kein anderer Bruder zum Ausgleich, dann wird sich der Erstgeborene leicht zu einem Pascha entwickeln. Es hängt dann von ihm ab, was für eine Art von Pascha er wird: ein gutmütiger und loyaler Herr oder ein unerträglicher Despot.

Der älteste Junge mit einer jüngeren Schwester neben sich wird ein heiteres, zuvorkommendes Wesen haben. Er kann aber auch so steif wie ein alter Schulmeister werden, weil er sich von Kindheit an immer wie der Lehrer seiner jüngeren Gefährtin vorkommt. Wenn er statt dessen einen jüngeren Bruder hat, dann wird der Ältere herablassend und sehr von sich überzeugt sein. Von klein an ist er gewohnt, einen Diener neben sich zu haben. Denn der jüngere Bruder übernimmt entweder die Rolle des Waffenträgers, Adjudanten oder Jagdgehilfen.

In ganz verschiedener Weise entwickeln sich die Umgangsformen und die ganze Lebensart der ersten Kinder. Was wir oft als eine angeborene oder persönliche Eigenart angesehen haben, erweist sich als die erworbene Haltung, welche auf frühe Erfahrungen im Kreise der Geschwister zurückzuführen ist. Es wird aber notwendig sein, diesen Andeutungen, die zunächst nur aus einfachen Beobachtungen an einer größeren Anzahl von Beispielen entstanden sind, weiter nachzugehen.

Um das Bild des ersten Kindes zu vervollständigen, müssen wir noch eine andere Seite in seinem Verhältnis zur Umwelt beachten: seine Beziehung zu Vater und Mutter.

V

In dieser Hinsicht nimmt das Erstgeborene eine ganz besondere Stellung ein. Es ist der Mittler zwischen den Eltern und den übrigen Geschwistern. So sehr die Eltern — wenn sie einsichtig sind — sich auch bemühen, auf jedes ihrer Kinder einzugehen, nimmt in dem lebendigen Spannungsfeld, das innerhalb einer Familie entsteht, das Älteste eine besondere und einmalige Stellung ein. Es hat sein Antlitz nach zwei Seiten gerichtet: zu den Eltern als den Bewahrern der Vergangenheit und zu seinen Geschwistern als den Garanten der Zukunft. In Wirklichkeit gehört der Erstgeborene keiner dieser beiden Seiten an — denn für die Eltern ist er, obwohl der Älteste, das Kind; während er den übrigen Geschwistern als Stellvertreter der Eltern erscheint. So muß er eine doppelte Rolle spielen: Die Eltern sind der Kapitän auf dem Schiff der Familie; der Erstgeborene aber steht am Steuerruder, um des Kapitäns Befehle auszuführen. Wohl gehört er zur Mannschaft, aber doch nicht ganz. Und je älter er wird, desto fester muß er das Steuer in die Hand nehmen.

So wird ein erstes Kind selten die sorglosen Freuden und Schönheiten der Kindheit erleben. Von Anfang an ist es mit dem Bewußtsein seiner selbst erfüllt und verliert dadurch die natürliche und unbeschwerte Art, die allen übrigen Kindern zu eigen ist. Erstgeborene sind wie die Pfeiler einer Brücke, über die die anderen hinwegschreiten. Darin liegt die besondere Aufgabe, die ihnen zugewiesen ist.

Als die Stadt Rom noch eine kleine Siedlung war, die im Umkreis der sieben Hügel am Fuß der Albanerberge lag, soll der zweite der legendären Könige von Rom, Numa Pompilius, eine neue Gottheit eingeführt haben. Ihr Name war Janus. Im Laufe der römischen Geschichte gewann dieser neue Gott immer mehr Bedeutung, bis er später zum obersten der Götter wurde und alle anderen Gottheiten in den Schatten stellte. Der erste Monat des Jahres, der Januarius, wurde nach ihm benannt. Auf einem der Hügel von Rom, dem Janiculus — der noch heute so heißt — wurden zu Ehren des Janus-Januarius zwölf Altäre errichtet, zum Zeichen, daß er der Lenker des Jahres mit seinen zwölf Monaten ist.

Dieser Gott war auch der Wächter der Tore und Türen und in vielen römischen Häusern war ein Bildnis des Janus über deren Eingang angebracht. Dazu schreibt Frazer*: „Ich vermute, daß es Sitte war, an der Eingangstür des Hauses ein Bild oder Symbol des Janus anzubringen, um dadurch den Hauseingang unter den Schutz des großen Gottes zu stellen. Eine so bewachte Tür konnte man als ‚janus foris' — eine Januspforte — bezeichnen."

Das Bild dieses höchsten Gottes der Römer stellte immer einen Kopf mit zwei Gesichtern, die nach entgegengesetzten Richtungen blickten, dar. Das eine war bärtig und schien einem gereiften, manchmal auch einem alten Mann anzugehören. Das andere Antlitz war glatt und jugendlich schön. Viele solche Bildwerke sind heute bekannt. Das bärtige Gesicht soll eine Abbildung des Saturn gewesen sein, das junge Gesicht aber Janus selbst darstellen. Wir wissen nicht, ob Janus mit Jupiter identisch ist. Aber beide, das ältere und das jüngere Gesicht, sind das Kultbild des Gottes, der die römischen Tore bewachte und mit dem das römische Jahr seinen Anfang nahm.**

* Sir James Frazer: „The Magic Art" Band II (London 1936)

** Eine genaue Untersuchung aller damit verbundenen Fragen findet man in dem Buch von Karutz „Das Rätsel des Janus", (Basel 1927)

Dieses doppelköpfige Bildnis hat es nicht nur in Rom gegeben. Man hat es auch bei Idolen vieler Negerstämme in Afrika und bei den Eingeborenen in Südamerika gefunden. Es ist ein Symbol, das wohl in die Uranfänge der Menschheitsgeschichte zurückreicht. Worauf weist es hin?

Es stellte die Kräfte des erstgeborenen Kindes dar. Wie jeder Erstgeborene, so schaut Janus nach zwei Seiten. Wenn er sich der Vergangenheit zuwendet, trägt er die Züge seines Vaters Saturn. Blickt er aber in die Zukunft, so gleicht er dem Jupiter-Zeus, dem Sohne, dem Erstgeborenen, der alle anderen Götter überwunden hat. Saturn und Jupiter, Vater und Sohn, werden als Einheit und Zweiheit, zugleich und zusammen dargestellt. Hier offenbart sich die Wesensart des ersten Kindes. Das Erstgeborene hütet die Eingangspforte des Hauses, weil es die Verbindungstür zwischen Eltern und Kindern ist.

Janus steht an der Spitze der zwölf Monate des Jahres. Er wird manchmal mit einem Stock in der einen und einem Schlüssel in der anderen Hand dargestellt. Das sind auch die Wahrzeichen der erstgeborenen Kinder: sie hüten sowohl als öffnen die Tore der menschheitlichen Entwicklung und Entfaltung.

Man kann verstehen, daß es gerade die Römer waren, die als ihren obersten Gott das kraftvolle Ebenbild der Erstgeburt verehrt haben. Die Geschichte des römischen Volkes ist in ihrer Größe und in all ihren Erfolgen und Errungenschaften das getreue Abbild der Leistungen seiner ersten Kinder.

Nicht die Griechen – die Römer sind die Erstgeborenen Europas gewesen. Beide kamen aus Kleinasien herüber. Beide stammen aus Troja. Der römische Sohn ist der Träger der äußeren Geschichte. Der griechische Sohn hingegen war der Vollstrecker der inneren Geschichte. Das vollzog sich in den Jahrhunderten, ehe das Christentum in die Menschheit einzog. Und Janus, der Gott des römischen Volkes war es, der jeden „civis romanus“ mit der stolzen Überzeugung erfüllte, daß er der Träger der gleichen Rechte war, die jedem Erstgeborenen zustehen.

Dies währte mehrere Jahrhunderte, bis zu dem Tag, da ein neues, erstgeborenes Kind zur Welt kam. „Da nun Josef vom Schlaf erwachte, tat er, wie ihm des Herrn Engel befohlen hatte, und nahm sein Gemahl zu sich; und er erkannte sie nicht, bis sie ihren ersten Sohn gebar; und hieß seinen Namen Jesus." (Matth. 1, 24—25)

Einige Tage später trafen die Heiligen Drei Könige, die von einem Stern geleitet worden waren, aus dem Morgenland ein, um das Kind zu begrüßen. Sie brachten ihre Gaben — Gold, Weihrauch und Myrrhen — und legten sie Jesus zu Füßen, der von dieser Stunde an zum Urbild aller erstgeborenen Kinder wurde.

Die Zeit des Janus war vorüber. Dreißig Jahre nachdem die Könige ihre Gaben dargebracht hatten, war das Kind zum Manne geworden. Jetzt stand er im Jordan neben Johannes dem Täufer und wurde von ihm getauft. „Und da Jesus getauft war, stieg er alsbald heraus aus dem Wasser; und siehe, da tat sich der Himmel auf über ihm. Und er sah den Geist Gottes gleich als eine Taube herabfahren und über ihn kommen." (Matth. 3, 16)

Das geschah im Monat des Janus — am 6. Januar. Es ist die ewige Weihnachtsbotschaft an alle Menschen der Erstgeburt. Seit diesem geschichtlichen Augenblick tragen sie in ihrem innersten Herzen das Abbild des Ersten Kindes, das so gelitten hat, um für uns das Gefäß des Heiligen Geistes zu werden.

So wurde aus Janus, Jesus — wie der Monat Januarius den Epiphaniastag hervorbrachte. Seither kann jeder, der bereit ist, die Nachfolge Christi anzutreten, zum Erstgeborenen im Geiste werden. Er wird zu einem der Pfeiler, auf welchem die Brücke der Menschheit ruht. Seitdem werden auch alle Vorrechte der ersten Kinder zurückgenommen und aufgelöst. Aber erst nach vieltausendjähriger Frist wird die Botschaft am

Jordan uns allen verständlich sein: „Es sei denn, daß jemand von neuem geboren werde, so kann er das Reich Gottes nicht sehen." (Joh. 3, 3).

Wenn das sich erfüllt, wird kein Mensch mehr ein irdischer Erstgeborener sein müssen. Er wird zum Erstgeborenen im Geiste aufsteigen. Das aber liegt in der inneren Freiheit jedes vom Weibe Geborenen: Ob er ein aus dem Geiste Geborener werden will.

DAS ZWEITE KIND

I

Bei dem Versuch, die sozialen Fähigkeiten der Menschen unter dem Gesichtspunkt zu betrachten, welchen Platz sie als Kinder in der Geburtenreihe ihrer Geschwister eingenommen haben, sind wir zunächst den für einzige Kinder und Erstgeborene charakteristischen Eigenschaften begegnet. Wir erkannten die Eigentümlichkeiten im Verhalten des Einzelkindes und daß auch erste Kinder in ihrem Verhältnis zur Umwelt bestimmten Formen sozialen Handelns folgen. Dieses erste Kind — und das soll nochmals festgehalten werden — ist ein „Verteidiger": „Ein Verteidiger des Glaubens, der Tradition und der Familie. Das erste Kind ist ein Bewahrer der Vergangenheit, gegen den Ansturm neuer Ideen und deren Verwirklichung."

Es ist interessant und deshalb wert, erwähnt zu werden, daß Alfred Adler, der Begründer der Individualpsychologie — der ebenfalls versuchte, den Einfluß, den die Gruppierung in der Familie auf die Entwicklung der Menschen hat, zu studieren — zu ähnlichen Schlüssen gelangte. Eine seiner nächsten Mitarbeiterinnen beschrieb seine Feststellungen in der folgenden Art:* "Das älteste Kind ist, nach Adlers Auffassung, gewöhnlich ein abhängiges, konventionelles Kind, das sich an die Gebote hält und selber Autorität besitzt. Mit sei-

* Phyllis Bottome: „Alfred Adler, Apostle of Freedom" (London 1939)

ner beschützenden, manchmal auch den jüngeren Geschwistern gegenüber etwas beherrschenden Art steht es den Eltern zur Seite. Das muß aber gar nicht immer der Fall sein. Es kann vorkommen, daß das älteste Kind sich eine ‚Entthronung' – wie Adler es nennt – durch das Zweitgeborene so zu Herzen nimmt, daß es entmutigt wird, alles Selbstvertrauen verliert und keinerlei Verantwortung mehr übernehmen will. Wenn aber die Eltern ihrem ältesten Sprößling behutsam und liebevoll verständlich machen, was das Erscheinen der nach ihm Geborenen bedeutet – so daß er fühlt, daß er zu deren Wohlverhalten auch etwas beizutragen hat – wird er wahrscheinlich nicht den Mut verlieren, sondern den Aufgaben seiner führenden Stellung gut nachkommen."

In dieser Beschreibung kommen einige der wesentlichen Merkmale des ersten Kindes recht klar zum Ausdruck. Und die Schlüsse, die daraus gezogen werden, stimmen fast mit jenen überein, zu denen wir – ganz unabhängig davon – gekommen sind. Das ist vielleicht ein Beweis dafür, daß in unseren Ansichten, diese Probleme betreffend, ein Stück Wahrheit enthalten ist. Denn Adler tritt von einer ganz anderen Seite an diese Frage heran. Er versuchte, den Ursachen der Entstehung bestimmter psychotischer und neurotischer Züge im Charakterbild des Menschen nachzugehen. Dabei wurde er dazu geführt, sich auch für die Stellung, welche der einzelne im Verband seiner Familie einnimmt, zu interessieren. Allerdings erkannte er noch nicht, daß sich die Position innerhalb der Familie vor allem auf das spätere soziale Verhalten auswirkt, die übrigen Eigenschaften und Verhaltensweisen aber aus anderen Quellen der Persönlichkeit fließen. So schrieb er die verschiedenen Charakterunterschiede zwischen den Geschwistern einer Familie fast ausschließlich dem Platz in der Geburtenreihe zu. Das aber ist eine gewaltige Überschätzung dieser Rangordnung, die die vielen anderen Faktoren, die bestimmend für die Entfaltung einer werdenden Persönlichkeit sind, völlig übersieht. Es muß hier noch einmal betont werden, daß nur das soziale Verhalten eines Kindes — und nichts anderes — durch den Platz seiner Geburt geformt wird.

Die Individualpsychologie entwickelt auch besondere Vorstellungen über die Art des zweiten Kindes. Eine Stelle aus dem oben zitierten Buch besagt: „Das zweite Kind ist, nach Adlers Anschauung, meistens ein Rebell. Es hört nicht gern auf die Stimme der Autorität; es wird gerne die jüngeren Geschwister gegen den ‚Ältesten' und gegen die Eltern aufstacheln, statt zu versuchen, sie im Sinne des Bestehenden zu beeinflussen. Das zweite Kind wird sich oft über Sitte und Anstand hinwegsetzen. Ein Entdecker, ein Bahnbrecher steckt in ihm, der oft ins Unbekannte vorstoßen will. Das Zweitgeborene ist, so könnte man sagen, von Geburt an ein ‚moderner' Mensch. Dabei braucht es gar nicht begabter zu sein, als die übrigen Kinder — aber von den Gaben, die es hat, wird es zielbewußten und praktischen Gebrauch machen, um dann zu versuchen, den Ältesten zu überspielen. Andererseits kann aber auch ein ‚vorbildlicher' Ältester durch die glänzenden Eigenschaften, die er entwickelt und die Vorzugsstellung, die er als Erstgeborener innehat, ein so erhebliches Tempo einschlagen, daß sein ‚Nächster', einfach aus Verzweiflung, es mit so viel Überlegenheit nicht aufnehmen zu können, das Rennen aufgibt. Dann wird er sich zu einem besonders unartigen und schwierigen Kind entwickeln — oder überhaupt nicht mehr mit sich zurechtkommen."

Aus dieser Darstellung geht klar hervor, daß die Individualpsychologie dem ersten wie dem zweiten Kind gleiche Grundeigenschaften zuschreibt. Sie werden beide mit ähnlichen Maßstäben gemessen; das gemeinsame Grundmotiv ist ihr Streben, den „Platz an der Sonne" als Erster zu erreichen. Nach Adlers Ansicht ist das zweite Kind immer dem Ältesten auf den Fersen, so daß beide einen Wettlauf auf Leben und Tod vollziehen. In solchen Bildvorstellungen können die verheerenden Wirkungen Darwin'scher Ideen erkannt werden. Auch für Adler bedeutet das Leben einen schonungslosen Kampf um die Auslese des Tüchtigsten; es ist ein nie zu endender Krieg, der schon im frühesten Kindesalter, im Schoße der Familie beginnt.

Soweit meine eigenen Erfahrungen und Beobachtungen reichen, sind die sozialen Anlagen der ersten und zweiten Kinder grundverschieden. Das zweite Kind wird nur selten darauf aus sein, den älteren Bruder oder Schwester im Lebenswettstreit zu überwinden. Es ist von Natur aus weder ein Eroberer, noch ein Verteidiger. Es ist ein „zweites" Kind und hat in dieser Stellung eine ganz andere Aufgabe im Gewebe der menschheitlichen Zusammenhänge zu erfüllen.

Diesen Gesichtspunkt möchte ich so deutlich als möglich unterstreichen. Der Platz innerhalb der Geschwisterreihe ist nicht das Ergebnis eines Zufalls, sondern für jeden von uns wird der „Rang" seiner Geburt nach dem Plan des Schicksals gewählt, das sein Leben ordnet. Es muß einen vorbestimmten Plan geben, nach welchem ein jeder an den ersten, zweiten oder dritten Platz in der Geburtenfolge gestellt wird. Durch diese Rangordnungen werden die mitmenschlichen Beziehungen geformt. Die innerste Natur des Einzelnen aber ist auf diese vom Schicksal gegebene Stellung vorbereitet.

Der Gedanke ist viel zu primitiv, der in der Familie nur eine Rennbahn sehen will, auf welcher der Älteste die besten Chancen hat, das Rennen zu gewinnen, während die anderen, vom zweiten abgesehen, weit hinter ihm zurückbleiben. Nein! Jedes Kind hat – seinem Stand in der Geburtenreihe entsprechend – eine besondere Aufgabe zu erfüllen. Und es ist unser Bemühen, die damit zusammenhängenden Eigenschaften hier aufzuzeigen, sie zu erläutern und damit die tiefere Bedeutung des Platzes in der Geschwisterreihe ahnend zu begreifen.

Störungen treten zum Beispiel erst dann ein, wenn einem ersten Kind die Aufgaben eines zweiten zufallen, oder das zweite Kind durch den Tod seines älteren Bruders dazu gezwungen wird, dessen Stelle einzunehmen. Darin können oft die Ursachen eines psychotischen oder neurotischen Verhaltens in der Auseinandersetzung mit der Umwelt gefunden werden. Wenn ein drittes Kind an seiner dritten, ein zweites an der zweiten Stelle bleibt, wird alles seinen rechten Gang gehen. Und wir wollen zunächst die Aufgaben des zweiten Kindes kennenlernen, um dessen Bedeutung im Leben der Gesamtheit zu verstehen.

Das Urbild seines Daseins läßt sich schon in der Schöpfungsgeschichte ablesen. Im vierten Kapitel der Genesis werden die Brüder Kain und Abel beschrieben. Kain war der ältere, Abel der jüngere. Beide brachten dem Herrn ihr Brandopfer dar. Das Opfer Abels wurde angenommen, aber das Kains verworfen. „Und Kain erhob sich gegen seinen Bruder Abel und erschlug ihn, als sie auf dem Felde waren." In diesem für die ganze Menschheitsgeschichte entscheidenden Welten-Augenblick wurden die unabänderlichen Aufgaben der ersten und der zweiten Kinder festgelegt und offenbart. Jedes Erstgeborene trägt ein Teil von Kains Erbe mit sich. Jedes Zweitgeborene aber teilt das Schicksal Abels: daß es gottgefällig ist, im Gefüge der Erde aber sich nicht ganz zurechtfinden kann.

II

Die Bibel beschreibt das erste Brüderpaar der gesamten Menschheit in sehr anschaulicher Art. Kain war ein Ackersmann und Abel ein Schäfer. Wenn wir die tiefere Bedeutung solcher Aussagen zu erfassen versuchen, dürfen wir uns nicht mit der Erklärung begnügen, daß Kain ein Bauer und Abel ein Schafhirt gewesen ist. Die Bibel will im Leser Urbilder erwecken, die hinter solchen Aussagen erscheinen können. Wenn Kain als ein „Besteller des Ackers" bezeichnet wird, klingt darin der Fluch nach, der bei der Vertreibung aus dem Paradies über Adam ausgesprochen wurde: „Verflucht sei der Acker um deinetwillen, mit Kummer sollst du dich darauf nähren dein Leben lang. Dornen und Disteln soll er dir tragen, und sollst das Kraut auf dem Felde essen." Dieses harte Verdammungsurteil, das Adams Abschied aus dem Garten Eden begleitete, wird auf Kain übertragen. Er muß die Schuld seines Vaters übernehmen und sich hinfort unter ihrer Last beugen. Der Erstgeborene wird zum Träger des Fluches, der auf den Schultern des Vaters liegt. Kain muß den Boden bearbeiten, um ihn durch seiner Hände Arbeit zu entsühnen.

Abel, der Schäfer ist von anderer Art. Er ist Freund und Begleiter seiner Herde. Er lebt mit den Tieren und hat an ihrem sorgenfreien Leben teil. Wir können ihn vor uns sehen: auf einem Baumstamm sitzend, eine Flöte schnitzend und dann eine Melodie der Freude und Andacht in die stille Schönheit der Welt sendend. Ihm sind Herz und Sinn mit den Wundern dieser Erde erfüllt. Er liebt die Bäume und sein Blick folgt den ziehenden Wolken.

Kain, der hinter dem Pfluge einherschreitet, bricht die Furchen der Erde auf. Sein Rücken ist krumm und seine Schultern gebeugt unter der Last seines Schicksals, das er trägt. Ihm ist auferlegt, sich an die Erde zu ketten – ihre Schwere zu erfahren und die Not dieser materiellen Welt zu empfinden. Er muß pflügen, ackern, graben und säen. Er fördert das Erz, er muß es hämmern und schmieden – um den Erdenstoffen eine neue Form zu geben und sie zum täglichen Brot und Gebrauch zu verarbeiten.

Abel hingegen ist ein Träumer. Er horcht auf die Stimme seiner Stimmungen und Gefühle. Er folgt dem Fluge seiner Gedanken und sehnt sich zurück in die Heimat, aus der er einst gekommen war. Sein Wesen ist nicht an die Erde gebunden, nicht an ihre Nöte und ihr Geschick. Sein Sehnen führt ihn hinaus und hinauf in die höheren und reineren Gefilde alles Daseins.

Kain ist um die Umformung der Erde bemüht. Abels Aufgabe ist es, die Erde zu überwinden. Kain ist ganz an die Notwendigkeiten des Gegenwärtigen hingegeben. Abel, der Vergangenheit nachsinnend, bereitet die Zukunft vor. Hier liegt der wahre Grund dafür, warum Kains Opfer keine Gnade fand, während das seines Bruders angenommen wurde. Denn Kain ist auf Erden zu Haus und der Rauch seiner dargebrachten Früchte und übrigen Gaben wird wieder zurück zur Erde, von wo er sich erhob, gewiesen. Abels Opfer hingegen wird angenommen, weil seine Heimstatt nicht auf Erden, sondern in der Welt des Himmels zu finden ist. Kain blickt auf seinen Opferrauch herab. Abel schaut nach oben, dorthin, wo sein Opfer angenommen wird.

Kain aber mußte Abel erschlagen, damit der Fluch, der seinen Vater traf, sich erfülle. Dadurch entfernt er sich noch weiter vom Paradies. Er setzt den Weg fort, den seine Eltern schon eingeschlagen haben. In Abel hingegen erfüllt sich Kains tiefste Sehnsucht – der Drang, den jedes Menschenherz durchzieht – ins Vaterhaus zurückzukehren. Kain ist gleich dem verlorenen Sohn, der in die Welt hinausziehen muß, um auch dadurch Gottes Befehl zu gehorchen. Im Dienst dieses Gehorsams erschlägt er seinen Bruder. Er bleibt trotzdem Gottes Kind; deshalb muß sein Tod, sollte ihn jemand erschlagen, „siebenfältig" gerächt werden. „Und der Herr machte ein Zeichen an Kain, daß ihn niemand erschlüge, wer ihn fände."

Jedes erstgeborene Kind trägt dieses Kainsmal auf seiner Stirn. Es ist mit dem Vergehen Kains belastet und die Erinnerung daran liegt tief in seinem Unterbewußtsein verborgen. Zu Zeiten aber steigen diese Kräfte auf; dann wird ein anderer Abel erschlagen. Denn auf dem Grunde unserer Seelen haben sich die frühesten Taten der Menschheit – als verborgene Eigenschaften – tief eingeprägt.

Obgleich Abel von seinem Bruder erschlagen wurde, bleibt er ihm ständig zur Seite. In jedem zweiten Kind wächst ein neuer Abel heran. Er trägt die Sehnsucht nach dem Gottesreich, in das es zurückkehren möchte, in sich. Abel ist selten ein Kämpfer. Er ist vielmehr ein Sucher, ein Träumer, ein

Dichter, ein Heiliger. Weltliche Dinge lassen ihn meist unberührt. Er lebt gerne, aber nicht mit zuviel Anstrengung. Das Dasein ist nicht nur Arbeit, die man im Schweiße seines Angesichts vollbringt; es ist auch Frohsinn und Freude, beglückende Erfahrung und seliges Staunen. Abel nimmt die Dinge viel leichter als Kain. Im Herzen liebt er die Welt, weil sie für ihn nicht, wie für Kain, eine Bedrohung bedeutet. Abel hat Sinn für Humor und es müssen schon viele Enttäuschungen zusammenkommen, ehe ein Gefühl der Bitterkeit in ihm entsteht. Kain hingegen ist schnell beunruhigt und verzweifelt. Er lebt im Banne der Pflicht; für ihn ist das Dasein eine ständige Verpflichtung, der er dauernd nachkommen will. Der Kain in uns hat nicht viel Muße und Vergnügen übrig; er ist gegen einen freien Tag und einen sorglosen Gang über Hügel und Felder. Die strengen Regeln und Gesetze einer Sekte, wie die der „Plymouth Brethren" oder mancher Kalvinisten entstammen Kains Wesensart. Die Bitterkeit im Herzen ihrer erstgeborenen Begründer wirft noch immer die Schatten strenger Pflichterfüllung auf das Leben dieser Gemeinden. Ihre Laienhelfer werden auch „Älteste" genannt; sie müssen seit jeher die Haltung von Erstgeborenen einnehmen und werden dadurch zu Kindern Kains. Hier erscheint etwas in entstellter und karikierter Form, das sonst eine der wichtigsten Bauformen am Hause der Menschheit ist.

Streit und Hader, der unter den Menschen entsteht, würde sich oft in einem anderen Licht präsentieren, wenn die Beteiligten um diese Zusammenhänge wüßten. Wie sehr kann ein Lehrer, der ein erstgeborener Sohn ist, seinen zweitgeborenen Schülern das Leben zu Qual machen! Einfach deshalb, weil er bei ihnen ein Pflichtgefühl voraussetzt, das gar nicht da sein kann. Er erwartet eine ernste Veranlagung dort, wo zunächst nur Spiel und Lebensfreude vorhanden sind. Fortdauernd ergeben sich Situationen, die nur deshalb zu Gehässigkeiten unter den Menschen führen, weil Kain und Abel miteinander streiten. Und stets ist es Kain, der Abel erschlägt, und immer werden die Folgen seiner Tat verhängnisvoll für ihn sein. Abel leidet; Kain aber muß die Qual dieses Leidens ertragen. Abel empfängt die Schläge, aber es ist weniger schlimm, sie auszuhalten, als sie auszuteilen. Kain schlägt sich selbst, wenn er Abel verwundet; und dennoch kann er es nicht unterlassen.

Ein typisches Beispiel für diesen ewigen Zwist ist der Bruch, der zwischen Siegmund Freud und Alfred Adler sich vollzog. Fast zehn Jahre lang arbeiteten sie eng zusammen. Dann aber konnte Freud, der Erstgeborene, in seiner tyrannischen Art nicht länger das unbeschwerte Wesen Adlers ertragen. Kain erschlug auch hier den Abel, und dieser nahm dieses Schicksal ergeben hin. Am Ende aber war Freud der am meisten Betroffene, denn er konnte die angehäufte Bitterkeit nicht in Vergebung umwandeln.

III

In den letzten Jahren hat ein schlichtes Buch* auf viele Menschen einen tiefen und nachhaltigen Eindruck gemacht. Es erzählt von der einfachen und anspruchslosen Kindheit des Verfassers, die er im ersten Jahrzehnt dieses Jahrhunderts in Battersea, einem Vorort von London, verlebt hat. Eine ganze Zeit habe ich mich gefragt, worin der besondere Reiz und die bezaubernde Schönheit dieser Autobiographie liegt.

„Over the Bridge" ist ein Buch voll Verständnis und Ahnung; ein wunderbares Buch, das an die letzten Dinge rührt, und zugleich eine Fülle von Beobachtungen enthält. Aber das allein genügte noch nicht, seine starke Wirkung auf den Leser zu erklären. Plötzlich aber entdeckte ich, was es war: Es ist die moderne Fassung der alten Geschichte von Adam und

* Richard Church: „Over the Bridge" (London 1955)

Eva und Kain und Abel. Und es war Abel selbst, der sie geschrieben hat; denn Richard Church ist ein zweites Kind, das uns von den Erlebnissen und Erfahrungen seiner Kindheit erzählt. Um diesem Buch wirklich gerecht zu werden, müßte ich es von der ersten bis zur letzten Seite zitieren. Jeder sollte es gelesen haben! Selten erfährt man soviel über das ewige Drama, das sich als Erbe unserer Voreltern in unserem Seeleninneren abspielt. Selten ist ein deutlicheres Bild von Kain und Abel dargestellt worden.

Die Handlung des Buches beginnt am ersten Tag dieses Jahrhunderts „mit zwei kleinen Knaben, die um halb drei Uhr nachmittags mit äußerster Vorsicht und Ängstlichkeit die Battersea-Brücke überqueren. Ihre Besorgnis ist ganz verständlich, denn der ältere — ein kleiner Junge von elf Jahren, mit großer Nase, braunen Augen und gelblicher Haut, die ihn leicht spanisch erscheinen ließ — trug ein Aquarium in seinen Händen. Darüber hatte er im Augenblick seinen Begleiter, den jüngeren Bruder, der ihm gewöhnlich wie sein Schatten folgte und für den er sich auch durchaus verantwortlich fühlte, fast vergessen."

Dieser jüngere Bruder war gerade sieben Jahre alt geworden und wir erleben mit seinen Augen alle folgenden Ereignisse. Er war anders als Jack, der Ältere. Jack war so veranlagt, „daß er alles voraus bedachte und gern alles in bester Ordnung sah. Deshalb achtete er jetzt auch so genau auf jeden seiner Schritte, mit gesenktem Kopf und gespannter Aufmerksamkeit." Der kleinere Junge war schüchtern, zart und zurückhaltend; nur wenn keine Fremden dabei waren, plapperte er gern.

Dieser kleinere Junge wurde von einem seltsamen Leiden geplagt, das ihn von Zeit zu Zeit befiel. Die Anfälle kamen immer am Sonntag Abend; und das erste Kapitel des Buches schließt mit dem Auftreten einer solchen Attacke. Er beschreibt sie als „einen wohlbekannten Schmerz, der mich von Zeit zu Zeit überkam, am Rücken mich wie in einer

Zange ergriff, diese dann drehte, bis mein Bauch ein einziges, sich qualvoll windendes Bündel von Schmerz geworden war."

Ich erwähne die hier beschriebenen Anfälle deshalb, weil sie ein für zweite Kinder typisches Symptom sind. Sie können in mancherlei Form, an den verschiedensten Stellen des Leibes und in allerhand Verkleidungen auftreten. Es kann ein Anfall von Asthma sein, eine Ohnmacht, ein plötzlicher Durchfall oder immer wiederkehrende Halsentzündungen.

Es handelt sich da um eine typische Reaktionsform des zweiten Kindes auf den übermächtigen Druck seiner Umgebung. Es erliegt der zu starken Einwirkung von außen, wie Abel dem Ansturm Kains erlegen ist. Es wiederholt sich gewissermaßen jedesmal die Ermordung Abels, wenn diese periodischen Leiden und Anfälle zweitgeborener Kinder auftreten. Die einzige wirkliche Hilfe kommt von der lindernden Hand der Mutter. „Zitternd noch von der Gewalt dieses Anfalls, erschüttert von dem alten, vertrauten Feind in meinem aufgetriebenen Leib, klammerte ich mich an meine Mutter und wollte sie nicht loslassen. Aber Jack tauchte hinter ihr auf, mit ernster und teilnehmender Miene; er wurde entsandt, ein neues Bügeleisen heiß zu machen und die Eau de Cologne-Flasche vom Toilettetisch im elterlichen Schlafzimmer, das nach vorne hinaus lag, zu holen. In Erwartung dieser Hilfsmittel saß Mutter an meinem Bett, sprach zu mir und versuchte zugleich den Schmerz durch leichtes Massieren wegzuzaubern." Nun hat er es erreicht: die Mutter ist für ihn und für ihn allein da und Jack ist ihr Diener und hilft, ihn zu trösten. Der „liebe, vertraute Feind" im Bauch hat es geschafft und zu Wege gebracht.

Später, am gleichen Abend, als der Bruder ins Schlafzimmer kommt und sich zu Bett legt, beschreibt er ihn wie folgt: „Er hätte eher hundert Jahre alt sein können, nicht elf, so ernsthaft und verantwortlich erschien er mir; im voraus planend, ohne je etwas zu vergessen oder zu versäumen. Ich hörte ihm zu wie ein dienstbeflissener Adjudant, war stolz auf ihn und vergötterte ihn. Gleichzeitig aber war ich wie unbeteiligt und schämte mich ein wenig, daß ich mich wundern konnte, wie er an die verschiedensten Dinge sich hingab: an das Aquarium, an den Bau einer Lokomotive, die Konstruktion eines Segelbootes. Ich hielt ihn fast für einen Zauberer – wollte es ihm aber keineswegs gleichtun. Ich war nicht geduldig genug, meine Hände so zu gebrauchen, wie er es mit den seinen tat." Keine bessere Beschreibung könnte von einem ersten und einem zweiten Kinde gegeben werden. „Ich hielt ihn für einen Zauberer"!: das trifft auf Kain und auf die vielen Millionen erster Kinder, die auf ihn folgten, zu. Das zweite Kind aber „wollte es ihm nicht nachtun", da es mit ganz anderen Dingen im Leben beschäftigt ist.

Das Lernen fiel diesem Kinde schwer, das Träumen aber leicht. Er lebte stark in der Phantasie, die ihn öfter zu überwältigen schien. „Meine Lässigkeit im Denken fing an, sich bemerkbar zu machen. Sie war schon in der Schule und zu Hause aufgefallen ... Was mir an Verstandeskräften gebrach, ersetzte ich durch eine nervöse Empfindlichkeit. Ich fühlte alles wie durch meine Haut hindurch – wie Katzen es tun ... Noch schlimmer aber war meine Faulheit, mit Zahlen umzugehen. War ich schon im Erfassen von Buchstaben und Worten verspätet, so war ich noch mehr zurück im Begreifen des Sinnes der Zahlen und ihrer gegenseitigen Beziehungen ..."

Dieses Kind lebte in einer Welt von Empfindungen und Gefühlen; in einem Märchenland voller Wunder und Schönheit. „Wenn an Sommerabenden die Sonne mit schrägen Strahlen durch das Aquarium schien, war der Eindruck so überwältigend, daß ich zu Tränen ergriffen dastand. Andere Male bewegte es mich tief, wenn das Gaslicht nachts einen fahlen Strahl in das Becken der Fische warf ..." Zu dieser Zeit stellte es sich heraus, daß er kurzsichtig war; die Brille, die er daraufhin erhielt, eröffnete dem Knaben eine völlig neue Welt. „Während ich bis jetzt das Universum wie eine chaotische Masse von Farben und verschwommenen Formen angesehen hatte, ging mir nun auf, daß es in Wirklichkeit viel klarer und bestimmter sei. In dieser neuen Welt verwandelten sich Schauen und Hören zu neuartigen Erfahrungen. Sie gewannen an Schärfe und Deutlichkeit, so daß nun Augen- und Gehörseindrücke gleichzeitig auf mich eindrangen und sich miteinander vermählten. Wie gerne gab ich mich dem hin!" Und dann geschah etwas, das für diesen kleinen Abel von größter Bedeutung wurde: gleich nachdem er die Brille bekommen hatte, nahmen ihn die Eltern eines Abends mit sich ins Freie hinaus und da wurde er — zum ersten Mal — des Sternehimmels gewahr — „helle Lichtpunkte von diamantener Härte und Klarheit, die nicht etwa auf einem samtenen Untergrund ruhten, sondern frei im Raume schwebten; teils nah, teils fern, in einer Perspektive, die mir den Atem benahm und die für meine frisch erworbenen Augen gleich einer Offenbarung war. Ich selbst fühlte mich in das große Geschehen am nächtlichen Himmel emporgehoben. Ich schwebte davon und hätte wohl droben im Raum vergehen können, wenn nicht eine Stimme mich zurückgerufen hätte. Es war der besorgte Ausruf meiner Mutter; denn sie hatte sich nach mir umgewandt, in Ungeduld vielleicht, daß ich nicht nachkam, und sah mich im Zustand halber Bewußtlosigkeit rücklings auf der Straße liegen."

Nun hatte Abel seine Heimat wieder gefunden! Der gestirnte Himmel war ihm erschienen und von dieser neuen Entdeckung war er so hingerissen, daß er durch diesen beseligenden Eindruck fast die Besinnung verlor. Von nun an lernte er schnell das Lesen und vertiefte sich bald in alle Arten von Büchern. „Es wäre zu wenig gesagt, daß ich anfing zu lesen; es war ein neues Leben, das für mich begann." Als er dann später die Schule besuchte, sagt er darüber: „Nur durch Lesen fand ich innere Ruhe und Selbstvertrauen. Sobald ich das Buch aus der Hand legte und den Mantel der Worte verließ, fühlte ich den rauhen Wind des Lebens kalt auf meine Nacktheit blasen; ich fröstelte dabei in Furcht und Zittern."

Dieses Kind, ein wahres Abbild Abels, erlebte in der lieblos-dumpfen Umgebung eines Erholungsheimes, in das man ihn zur Besserung seines Magenleidens gesteckt hatte, „daß Raum und Zeit nur Trugbilder sind, die in offenem Widerspruch zueinander stehen und bestenfalls eine Übereinkunft, nicht aber eine Gesetzmäßigkeit darstellen . . . An jenem Wintermorgen stand ich wie verklärt in der Gegenwart dieses wunderbaren Begleiters mit Namen Jesus, der mir durch das Lesen der Bibel Wirklichkeit geworden war. Ihm wandte ich mich voll Eifer zu, um ihm meine Erfahrungen anzuvertrauen und den Reichtum, den sie für mich bedeuteten, mit ihm zu teilen." Nachdem das Kind dies erkannt hatte, gewann es die Fähigkeit, sich durch reine Willenskraft über den Boden zu erheben und „etwa zwanzig Zentimeter über dem Parkett durchs Zimmer zu schweben."

Dieses Vermögen blieb ihm während seiner Kindheit und Jugend erhalten. Er erwarb die Macht, sich dem „Sog" der Erde zu entziehen. Er konnte die Schwerkraft überwinden und lebte im Bewußtsein mancher übernatürlicher Kräfte, die ihn begleiteten. Er war sich der ihm verliehenen Gaben durchaus bewußt — „fast schämte ich mich ihrer, als ob es etwas wäre, das ich gestohlen hätte; es war so wie später, als ich anfing Verse zu schreiben und dabei merkte, daß mir Zeilen in den Sinn kamen, die ich bewußt nicht ausgedacht hatte. Auch sie konnte ich nur mit Beschämung niederschreiben. Aber in beiden Fällen solcher Erhebung — beim Dichten wie beim Schweben — war ich durch meinen ‚Frevel' hochbeglückt. Im Grunde war ich überzeugt, daß mir der Auftrag dazu von höherer Hand — gleich einem alten Gebot — erteilt worden war. Vielleicht die gleiche Hand, die das herbstliche Gold so überreich von den Wipfeln der Ulmen herabrieseln ließ."

Dieses „alte Gebot" gibt jedem zweitgeborenen Kind die besonderen Geisteskräfte, die sein schicksalhaftes Erbteil sind. Es steht dem Reiche Gottes näher als alle anderen erdgeborenen Menschen. Das ist sein Vorrecht, das ihm aber auch zur Gefahr werden kann: ein solches Kind kann dadurch erhoben aber auch verdorben werden. Wenn das geschieht, wird es ein Blender oder ein Betrüger. Ein zweites Kind sein heißt: sich auf einem Seil, das zwischen Himmel und Erde ausgespannt ist, entlang zu bewegen. Das Gleichgewicht zwischen oben und unten zu halten ist eine wesentliche Qualität der Zweitgeborenen.

IV

Es wäre äußerst verlockend, mit der Beschreibung der verschiedenen Formen dieses ewigen Brüderpaares zu beginnen. In der Geschichte der Menschheit tauchen ihre Repräsentanten immer wieder auf und bilden eine der verbreitetsten und bekanntesten Erscheinungen menschlicher Gruppierungen. Wir brauchen nur an die beiden Brüder Humboldt zu denken. Der ältere, Wilhelm, war ein Staatsmann, der viele Sprachen beherrschte; er war auch ein hervorragender Erzieher und ein Kenner des klassischen Altertums. Er wurde zum Begründer der Berliner Universität. Er war ein Freund Goethes und einer der bemerkenswertesten Teilnehmer des Wiener Kongresses von 1815. Sein Bruder Alexander hingegen war einer der erfolgreichsten Forschungsreisenden seiner Zeit. Als Botaniker wie auch als Geologe von größter Bedeutung. Beim Studium ihrer Lebensgeschichte begegnet man einer anderen modernen Fassung der alten Geschichte von Kain und Abel.

Dann gibt es die Brüder Hauptmann; beide waren bedeutende Dichter. Aber der ältere, Carl, fühlte sich immer auf Schritt und Tritt durch den Ruhm und die Erfolge seines Bruders Gerhart gehemmt und in den Schatten gestellt. Er ist schließlich in Verbitterung und Verzweiflung gestorben. Ein ähnliches Beispiel für das tragische Versagen Kains spielt sich im Schicksal der beiden Brüder Hans und Walter von Molo ab. Auch hier handelt es sich um ein begabtes Schriftstellerpaar. Wieder überstrahlt der Glanz des Jüngeren den älteren Bruder; dieser taucht nach wenigen Jahren des Kampfes in das Dunkel einer schweren Schizophrenie unter. Er lebt in der Verborgenheit einer Heilanstalt, bis er – gemeinsam mit Zehntausenden anderen – den „gnädigen" Methoden des schändlichen Kampfes, den der Nationalsozialismus gegen das „unwerte Leben" führte, zum Opfer fällt.

Das Bild des zweiten Sohnes ändert sich etwas, wenn das Erstgeborene ein Mädchen ist. Dann verstärken sich die immer schon andeutend vorhandenen femininen Züge in Abels Charakter, und es kann geschehen, daß ein recht schwächlicher oder schlampiger Mensch aus ihm wird. Wenn andererseits der Altersunterschied zwischen ihm und seiner Schwester nicht zu groß ist, kann es sein, daß er Merkmale des erstgeborenen Sohnes trägt und der Schwester die Aufgabe abnimmt, die Älteste sein zu müssen. Gewöhnlich gereicht dies keinem der beiden zum Vorteil. Entweder wird die Schwester dann eine unselbständige Frau mit einer zu schwach veranlagten Persönlichkeit; der Junge aber hüllt sich in seine eigene Gloriole, da er gleichzeitig ein erstes sowohl als ein zweites Kind darstellen muß. Etwas Ähnliches kann sich ereignen, wenn ein erstgeborener Bruder stirbt und der zweite seine Nachfolge antreten muß. Eine Art von unechtem Glanz wird ihn umgeben und es erschweren, daß sein wahres Wesen zum Durchbruch kommt. Solche Menschen verhalten sich so, als wären sie Kain; in Wahrheit aber sind sie Abel und ihr ganzes Leben verläuft in einer dauernden Spannung zwischen ihrem wahren und dem angenommenen Selbst.

Die Geschichte von Jakob und Esau ist eine deutliche Darstellung für das, was sich zwischen einem ersten und dem zweiten Bruder abspielen kann. Esau ist der Mensch der Vorzeit. Seine Haut ist noch „wie ein haariges Gewand", und er geht in seinen irdischen Verrichtungen auf. Jakob ist „ein schlichter Mann, der in Zelten wohnt" und auf die Zukunft hinweist. Er hatte schon die Möglichkeit, seine Denkkräfte zu entwickeln, und dadurch gelang es ihm, seinem Bruder Esau das Recht der Erstgeburt zu entwenden. Das spätere Leben Jakobs ist eine Folge dieser doppelten Existenz: ein zweites Kind, das die Aufgabe des ersten mit übernommen hat.

Wie steht es nun mit Abels weiblichem Gegenstück? Können wir ein Urbild für das zweitgeborene Mädchen finden? Sie trägt fast immer das Kleid der vollendeten Schwester. Etwas lebt in ihrem Wesen und in der Art, die sie anderen gegenüber hat, das in reinster Form das Bild schwesterlichen Daseins darstellt. Sie ist weder Gattin noch Mutter; allen ist sie die schwesterliche Gefährtin — ob es Männer oder Frauen sind. Sie ist der wahre Freund und Kamerad.

Meistens bleibt sie im Hintergrund. Sie hat keinerlei Verlangen sich hervorzutun, zu glänzen und ihre Qualitäten ins Licht zu stellen. Das muß nicht immer aus Bescheidenheit oder verhaltener Scheu geschehen. Auch die zweitgeborene Schwester kann eine starke Persönlichkeit sein; nur wird sie lieber hinter dem Vorhang bleiben, als sich dem Publikum zeigen. Aus dieser Bescheidenheit und Zurückgezogenheit kann sich eine echte Tyrannei entwickeln. Ihre Art, die Arbeit ruhen zu lassen, wird zu einer unmißverständlichen Äußerung ihrer Ablehnung. Ihr „gewaltloser Widerstand" ist dann ein viel wirksameres Mittel sich durchzusetzen, als der offene Angriff es wäre.

In jeder Gemeinschaft, im engeren oder weiteren Familienkreis und überall, wo sich Menschen zusammenfinden — in Fabriken und Büros, in der religiösen Gemeinde und im Vereinsleben — haben die zweitgeborenen Mädchen und Frauen ihre wichtigen Aufgaben. Tatkräftig und verständnisvoll, hingebend und tyrannisch, sind sie in jeder Art von Verkleidung zu erkennen. Aber immer neu — und wo immer es sei — verkörpern sie das ewige Urbild der Schwester: der Frau, die dem Manne Gefährtin, nicht aber Gattin und Mutter ist.

Hinter diesen zweitgeborenen weiblichen Kindern taucht ein Bild auf, wie wir es auch für die zweitgeborenen Brüder gefunden haben. In einem der schönsten Bücher über die griechische Götterwelt, „Les Dieux de la Grèce" von André Bonnard, wird diese Göttin in der folgenden Art beschrieben:

„Sie gefällt sich im Durchstreifen der Wälder und im Wandern über die Höhen der Berge, die vom Winde umweht sind. Sie gefällt sich auch im Umgang mit wilden Tieren, die nie vom Menschen gezähmt worden sind.

Ihrer sind die Spiele der Kindheit, die keuschen, verhaltenen Gedanken der keimenden Jugend. So schön und so scheu wie die Tiere des Waldes ist sie, die ungezähmte Jungfrau, die noch niemand berührt und gebändigt hat.

Sie ist rein und kühl wie das Mondlicht, das dem Jäger den Pfad durch das Dickicht weist.

Sanft oder grausam, ihr Pfeil trifft sein Ziel mit Sicherheit.

Sie ist die Göttin der Wildnis, der jungfräulichen Leiber und der Herzen, die nichts von leidenschaftlicher Liebe wissen."

Diese Worte beschreiben das innere Wesen der Artemis. In diesem Bilde leben manche Wesenszüge der zweitgeborenen Mädchen. Aber Artemis hatte viele Gesichter. Ihr Kult und ihre Verehrung waren über den nahen Osten und alle Küsten Süd-Eruopas verbreitet. In Hunderten von Tempeln wurden die verschiedenen Züge ihres Erscheinungsbildes und die Vielschichtigkeit ihres Wesens verehrt.

Die gleichen Unterschiede zeigen sich bei den zweitgeborenen Mädchen: Im Kern ihres Wesens sind sie alle artemisisch zu nennen. Denn Artemis war vor allem die „Schwester". Ihr Meister und Herr war der Bruder Apollo, dem sie — ohne ihm zu dienen — Gefährtin war. Deshalb findet sich die Ähnlichkeit mit Artemis am deutlichsten dort, wo Mädchen einen älteren Bruder haben. Ist aber das Erstgeborene eine Schwester, dann entwickeln sich die zweiten Schwestern häufig zu kühlen und gefühlsarmen Frauen. Dann werden aus ihnen Lehrerinnen und alte Jungfern, falls man ihnen nicht von früher Jugend an dazu verhilft, die vorhandene Steifheit zu überwinden.

Das sind aber nur Abirrungen, die vorkommen können. In vielen zweitältesten Schwestern ist oft ein spiritueller, manchmal geradezu engelhafter Eifer im Dienste anderer vorhanden. Sie werden dann aufopfernde Krankenschwestern, Lehrerinnen, Ärztinnen und Fürsorgerinnen — die zwar nie die erste Geige spielen, aber durch ihre Leistungen und ihr Vollbringen unentbehrlich für die Gemeinschaft sind.

Abel trägt einen unmittelbaren Zusammenhang mit den Welten des Geistes in sich. In Artemis bewirkt diese Veranlagung eine tiefe Verbundenheit mit den Wundern und der Schönheit alles Daseins. Abel ist der Repräsentant des Geistes im Menschen; Artemis die Verkünderin der menschlichen Seele. Weder Abel noch Artemis sind für den Alltag geboren. Sie gehören vielmehr den Festeszeiten, den besonderen Gelegenheiten und den bedeutsamen Ereignissen des Daseins. Der „graue Alltag" liegt ihnen fern. Wohl fügen sie sich darein, wenn ihre Hilfe gebraucht und ihre Leistungen anerkannt werden. Sie bewahren aber die ursprüngliche Verbindung mit dem Reich, aus dem sie gekommen sind. In Wahrheit sind nur erstgeborene Kinder die rechtmäßigen Bewohner der Erde. Die zweiten Töchter und Söhne sind nur zu Gast hier. Für sie ist die Erde nichts als eine vorübergehende Wohnstatt.

V

Im vorangehenden Kapitel bezeichneten wir die Erstgeborenen als „Pfeiler einer Brücke, über die die anderen Menschen hinwegschreiten". Wenn wir das Bild nun in einen

Tempel verwandeln, darin die ganze Menschheit ihre Andacht verrichtet, dann sind es die ersten Kinder, die dauernd dabei sind, die Fundamente dieses Tempels zu legen und zu erhalten. Dieser Menschheitsbau gründet sich auf die Arbeit der Erstgeborenen; auf das, was sie auf Erden erdulden und ertragen im Erleben der Erdennöte. Die zweiten Kinder aber bilden die Säulen und Architrave dieses Tempels. Sie stützen sich auf die Fundamente, die ihre älteren Brüder und Schwestern gelegt haben. Sie selber streben nach aufwärts und tragen das Dach — das Sinnbild des Himmels, der sich über uns wölbt. In diesem Bild können wir die voneinander unterschiedlichen Aufgaben und Schicksale der ersten und zweiten Kinder verstehen und erkennen, daß diese beiden Gruppen von Menschen einander benötigen, um miteinander und füreinander wirken zu können. Nicht nur, daß sie sich gegenseitig brauchen: gemeinsam bauen sie am Tempel der Menschheit.

Erst allmählich werden uns im Gang der Geschichte diese Unterschiede bewußt. Es ist ein Wissen, das gerade heute von besonderer Bedeutung ist. In den letzten vierzig Jahren — seit dem Ende des ersten Weltkrieges — hat ein rascher Zerfall der Familie — des wichtigsten Gliedes unserer sozialen Struktur — eingesetzt. Ihre Form wird von innen wie von außen angegriffen und ausgehöhlt. Gleich anderen alt gewordenen Gebilden fällt sie auseinander. Diese einstige Hülle unserer Kindheit und Bewahrer sittlicher Gewißheit ist in zunehmendem Verfall begriffen.

Ist das ein unvermeidbarer Prozeß? Handelt es sich um eine überholte Form, die ihrer Auflösung entgegengeht? Oder ist es nur eine zeitweilige Umstellung, die der Raupe gleicht, bevor sie sich aus dem Cocon, in verwandelter Gestalt, zum Schmetterling entfaltet?

Viele Einrichtungen, die bisher richtig funktionierten, können es heute nicht mehr. Das trifft besonders auf die sozialen Bereiche der menschlichen Gesellschaft zu. Das Ineinanderwirken von Eltern und Kindern, die Beziehungen der Geschwister untereinander, das Vertrauensverhältnis zwischen Meister und Diener, zwischen dem Chef und seinen Angestellten ist im weitesten Ausmaß zu Ende gekommen. Das Räderwerk des Zusammenspiels innerhalb der menschlichen Sozial-Ordnung bewegt sich nur noch mühsam und ist beinahe schon zum Stillstand gekommen. Überall wimmelt es von bezahlten und freiwilligen Helfern, die ihr Bestes tun, es noch in Gang zu halten; aber tatsächlich wird es schlimmer damit, statt besser.

Sozialarbeiter, psychiatrisch geschulte Fürsorgerinnen, Jugendleiter, Ehe- und Berufsberater, Bewährungshelfer, Amts- und Distriktsärzte, Bezirksschwestern und viele andere — ein ganzes Heer von einsatzfreudigen Helfern, die unter der weißen Flagge der helfenden Liebe arbeiten — versuchen das soziale Räderwerk mit den Mitteln, die ihnen zur Verfügung stehen, in Ordnung zu halten. Aber in Augenblicken ruhiger Besinnung wird jeder von ihnen sich fragen: Wie lange wird es wohl noch gehen?

Was durch lange Zeit wie von selbst möglich gewesen ist, wird nun immer mehr eine Angelegenheit bewußter Einsicht und denkerischen Verstehens. Millionen von Menschen werden erst wieder lernen müssen, was es bedeutet, Väter und Mütter zu sein, eine Familie zu gründen, für ihre Kinder zu sorgen und sich gut mit ihren Nachbarn zu verstehen.

Die Einsicht in die Geburtenfolge gehört zu dem Programm, sich dessen bewußt zu werden, was früher nur instinktiv bewältigt worden ist. Es geht hier nicht um eine Fachuntersuchung für Psychologen oder Psychoanalytiker. Es ist auch nicht nur ein Problem für Vertreter der Sozialwissenschaften und Statistiker, obwohl gerade auf diesem Gebiet viel mehr Material gesammelt werden könnte. Die Ordnung der Geburtenreihe sollte für jeden wichtig sein, der sich mit einer wahren Wissenschaft vom M e n s c h e n beschäftigt. Gestalt und Aufbau der Menschheit als Ganzes müssen in ihrer Gesetzmäßigkeit studiert werden, falls ein Verständnis für die Bedeutung der Geschwisterfolge innerhalb der Familie erreicht werden kann. Ein einzelnes oder ein erstes, ein zweites oder ein drittes Kind zu sein, bringt Aufgaben mit sich, die uns Menschen vom Anfang bis zum Ende unseres Lebens begleiten.

Es ist gar nicht richtig zu behaupten, daß wir von Geburt an alle gleich sind. Es stimmt deshalb nicht, weil jeder von uns an einer anderen Stelle der Geburtenreihe steht. Ob wir das Schicksal Kains oder Abels, Janus' oder Artemis' auf uns nehmen müssen, bedeutet im Leben der Einzelnen einen gewaltigen Unterschied. Mehr und mehr wird sich die Einsicht in diese Grenzen ans Licht des Bewußtseins ringen müssen.

DAS DRITTE KIND

I

Es scheint nun einleuchtend zu sein, daß jedes Menschenkind — abgesehen davon, daß es ein Glied der Menschheit und entweder männlichen oder weiblichen Geschlechtes ist — durch seine Geburt noch ein drittes Kennzeichen eingeprägt erhält: seinen Platz in der Reihe der Geschwister. Bisher waren wir uns der tieferen Bedeutung dieser Ordnung noch kaum bewußt. Und doch übt sie auf jeden Menschen einen ganz entscheidenden Einfluß aus und bereitet ihn in bestimmender Art auf die Aufgaben vor, die er auf Erden zu erfüllen hat.

Ob wir als Männer oder Frauen geboren werden, gibt der Führung unseres Lebens von vornherein eine bestimmende Linie. Wir wissen das und müssen uns dementsprechend verhalten. Die Aufteilung in die beiden Geschlechter ist für uns etwas so Selbstverständliches, daß wir sie als die natürlichste Ordnung des Daseins hinnehmen. Diese Zweigliederung des Lebendigen gilt auch in den übrigen Naturreichen, im Tierreich sowohl als im Pflanzenreich. Tatsächlich gibt es keine Lebenssphäre, keine Verhaltensart und keine organische Form, die nicht den Stempel dieser Zweiteilung trägt.

Die Ordnung der Geburtenfolge ist ein weiterer Faktor, der im Schicksal des Einzelnen eine hervorragende Rolle spielt. Zwar prägt sich diese Wirkung nicht so tief, wie es bei den Geschlechtsunterschieden der Fall ist, in unser ganzes Wesen ein. Auch sind uns die körperlichen Merkmale noch nicht bekannt, durch die sich die erst-, zweit- und drittgeborenen Kinder voneinander unterscheiden. Aber der Ablauf unserer Emotionen und Reaktionen ist durch diese Rangordnung wesentlich beeinflußt.

Es kann aber zunächst einmal interessant sein, einen ersten Überblick über die Verhältniszahlen von ersten, zweiten und dritten Kindern zu bekommen. Die entsprechenden Ergebnisse werden zunächst recht unterschiedlich sein, je nachdem, welche Gruppe von Menschen durchuntersucht wird. Eine Stadtbevölkerung wird sich in vieler Hinsicht von einer Dorfgemeinschaft unterscheiden; bei der italienischen Landbevölkerung werden andere Verhältnisse gefunden werden, als in einer Großstadt wie Stockholm oder Kopenhagen. Ganz zu schweigen von primitiven Sozialverbänden, wie sie etwa in Afrika oder Indonesien bestehen, wo Menschen noch in Stammesordnungen leben.

Doch können wir uns eine erste Vorstellung von diesen Zahlenverhältnissen bilden, wenn wir etwa eine gemischte Gruppe von Schülern daraufhin durchprüfen. Ich habe eine Gruppe ausgewählt, die aus 264 Kindern und Jugendlichen im Alter von fünf bis achtzehn Jahren besteht. Dabei handelt es sich um eine Schule mit Koedukation in einer mittelgroßen deutschen Stadt. Die Gesamtzahl setzt sich aus 128 Mädchen und 136 Jungens zusammen. Ihre Verteilung nach der Geburtenfolge geht aus der hier folgenden Tabelle hervor:

Geburten-ordnung	einziges Kind	erstes	zweites	drittes	viertes	fünftes	sechstes	siebentes	achtes Kind
männlich	18	36	43	17	16	5	1	—	—
weiblich	24	29	36	24	10	3	1	—	1
zusammen	42	65	79	41	26	8	2	—	1

Es ist sehr aufschlußreich, diese Zahlen näher zu betrachten. Zunächst ist es selbstverständlich, daß erste und zweite Kinder weitaus in der Mehrzahl sind. Mit 54 % stellen sie mehr als die Hälfte der Gesamtzahl dar; das war vorauszusehen. Auffallend ist aber, daß es mehr zweitgeborene als erste Kinder sind! Man sollte annehmen, daß das Gegenteil der Fall ist und mehr erstgeborene als zweite Kinder zu finden wären. Es scheint aber nicht so zu sein! Natürlich muß jedem Zweiten ein Erstgeborenes vorausgegangen sein—sonst gäbe es ja kein zweites Kind. Man kann nur vermuten, daß einige der Erstgeborenen die Schule schon verlassen haben, oder vielleicht auch andere Schulen besuchen. Jedenfalls wird aber in unserer Gruppe von den zweiten Kindern die höchste Zahl erreicht.

Ferner ist interessant, daß die Zahlen der einzigen und dritten Kinder sich nahezu entsprechen. In unserer Gruppe finden wir 42 einzige und 41 dritte Kinder. Noch bedeutsamer scheint mir das zahlenmäßige Verhältnis der Geschlechter zu sein: denn unter den Einzelkindern gibt es erheblich mehr Mädchen als Jungens und das Gleiche wiederholt sich bei den Drittgeborenen. In beiden Gruppen ist das Verhältnis von Mädchen zu Knaben 57 % zu 43 %. Bei den Erst- und den Zweitgeborenen ist dieses Zahlenverhältnis fast umgekehrt.

Vom vierten Kind an nehmen die Zahlen zusehends ab; bei den fünften und sechsten Kindern wird der Anteil schon minimal. Das gibt einen ersten Einblick in die prozentuale Verteilung der Geburtenordnung innerhalb einer städtischen Bevölkerung auf dem europäischen Festland.

In einer ausgewählten Gruppe von Erwachsenen, die aus 38 Männern und 68 Frauen besteht, fand ich 36 Erst- und 30 Zweitgeborene. Auch hier bilden diese beiden Geburtsorte mehr als die Hälfte (62 %) der Gesamtzahl der Probanden. In der gleichen Gruppe gab es 15 einzige und 19 dritte Kinder und der kleine Rest von sechs Personen ist auf die weiteren Geburtenränge verteilt. Auch hier halten sich somit Drittgeborene und einzige Kinder zahlenmäßig die Waage. Auch die Verteilung der Geschlechter ist bei beiden Gruppen ähnlich den oben angeführten Befunden.

Daraus dürfen wir schließen, daß, im allgemeinen, wohl mehr als die Hälfte der gegenwärtigen Bevölkerung aus Erst- und Zweitgeborenen besteht. Ungefähr ein Drittel umfaßt Drittgeborene und einzige Kinder zu etwa gleichen Teilen. Die übrigen — nicht mehr als ein Sechstel der Gesamtheit — besetzen alle übrigen Rangstufen der Geburtenfolge.

Mit größter Vorsicht und Zurückhaltung könnte angenommen werden, daß unter 120 Menschen etwa die folgende Verteilung zu erwarten ist:

20 einzige Kinder,
32 Erstgeborene,
32 Zweitgeborene,
20 Drittgeborene,
8 an vierter Stelle Geborene und
8 die auf die übrigen Rangstufen sich verteilen.

Aus dieser Aufstellung geht der Hauptanteil, den die beiden ersten Plätze in der Geburtenfolge einnehmen, deutlich hervor. Da alle Einzelkinder zugleich den Rang der Erstgeburt innehaben, gibt es unter 120 Menschen: 52 Erstgeborene, 32 Zweit- und 20 Drittgeborene. Die kleine, verbleibende Zahl verteilt sich auf alle übrigen Geburten. Das gibt ein gewisses Bild von der Verteilung der sozialen Fähigkeiten der Menschen innerhalb jeder Bevölkerungs-Gemeinschaft.

Bisher haben wir die Bedeutung der ersten und zweiten Stelle der Geburtenordnung beschrieben. Wir wollen noch versuchen, der Natur des dritten Kindes uns zu nähern.

II

Aus den bisherigen Beobachtungen ging hervor, daß das dritte Kind zahlenmäßig dem Einzelkind die Waage hält. Aber auch charakterlich und in seinem Verhältnis zur Umwelt ist es mindestens so problematisch wie ein einziges Kind. Nicht nur numerisch, sondern in jeglicher Art und Weise breitet sich ein tiefer Graben zwischen den ersten beiden Kindern und dem Drittgeborenen aus. Das erste und zweite Kind in einer Familie gehören zusammen, wie immer verschieden sie auch sein mögen. Ihre Geschicke sind eng miteinander verknüpft und auch ihre Sympathien und Antipathien sind aufeinander abgestimmt.

Das dritte Kind hingegen ist oft ein Außenseiter. Die ersten beiden haben gerade begonnen, sich aufeinander einzustellen und ihr Leben miteinander zu teilen, wenn plötzlich ein Fremdling auftaucht, der sich den Weg in ihre schon bestehende Gemeinschaft zu bahnen sucht. Ein Einzelner, der den beiden anderen gegenüber steht. Die ersten Beiden haben eine genügende Zeit gehabt, sich gegenseitig kennenzulernen. Sie haben es mehr oder weniger gelernt, miteinander auszukommen und sich gegenseitig als bestehende Tatsachen hinzunehmen. Nun ist unvorhergesehen ein Neuankömmling erschienen! Es ist ganz natürlich, daß die beiden Ersten gegen den Dritten Front machen.

So ist das dritte Kind, von Anfang an, eine Art Fremdling. Da ist zunächst die ziemlich weit entrückte Sphäre der Eltern; dann folgt die nächste Schicht, die von den beiden älteren Geschwistern besetzt wird. Zuletzt bleibt das dritte Kind, das einem Einzigen gleicht, weil es zunächst allein ist. Seine Stellung wird besonders kompliziert, wenn seit der Geburt des zweiten Kindes ein längerer Zeitraum verstrichen ist. Aber selbst wenn es nur zwei Jahre sind, bleibt der Stempel des Außenseiters an diesem neu Zugezogenen haften.

In der Regel kann ein drittes Kind, nach und nach, in die

Gemeinschaft der beiden älteren Geschwister hineinwachsen. Es wird sich sogar besondere Mühe geben und nichts unversucht lassen, ein wohlgelittener und gleichberechtigter Partner zu werden. Hat aber ein drittes Kind nur wenig kämpferische Eigenschaften, dann wird es hinter den anderen zurückbleiben und lieber den Gekränkten spielen, als sich bei ihnen durchzusetzen.

Hierin sind schon zwei Grundeigenschaften der dritten Kinder zu erkennen. Sie fühlen sich abgesondert, manchmal fast wie abgeschnitten von allen übrigen Menschen. Dieses Gefühl des Getrenntseins ist jedoch von anderer Art, wenn wir es mit dem Einsamkeits-Erlebnis des Einzelkindes vergleichen. Das Letztere weiß immer einen gewissen Abstand zu wahren. Es steht ja höher als die anderen: ein Erstgeborener mit scinen besonderen Eigenschaften. Das Alleinsein des dritten Kindes hingegen ist verschieden: es hat den Beigeschmack der Minderwertigkeit. Das Kind sehnt sich danach, seinen Platz unter den anderen anzutreten, wird aber das Empfinden nicht los, daß die sich nichts aus ihm machen und auf sein Dasein keinen Wert legen.

Viele Menschen leiden an diesen Minderwertigkeitsgefühlen; aber bei ihnen erscheinen sie nur zeitweise und verschwinden dann wieder. Beim dritten Kind hingegen lebt diese Empfindung als der Grundton seines sozialen Verhaltens. Seit der frühesten Kindheit findet es sich in einer komplizierten Lebenssituation: es ist Teil der Familie und ist es doch nicht in vollem Maße. So ist es gleichzeitig drinnen sowohl als draußen. Es möchte so gern mit den andern mittun und ihresgleichen sein und kann es doch nie ganz erreichen.

So wird es verständlich, daß solch eine Stellung zu der komplexen Natur führt, der wir bei allen dritten Kindern begegnen. Ein großes Mißtrauen gegenüber den anderen Menschen setzt sich in ihnen fest. Sie fühlen sich vernachlässigt oder abgelehnt und können auf zweifache Art darauf reagieren: Entweder ziehen sie sich in sich selbst zurück und errichten eine Wand oder gar einen Steinwall gegen die feindlich gesinnte Umwelt. Oder sie nehmen alle Kraft zusammen, brechen aus und versuchen, das gewaltsam zu erobern, was sich ihnen sonst nicht ergeben würde.

Große Heilige finden sich unter den Drittgeborenen. Aber auch Abenteurer und besonders wagemutige Soldaten und Heerführer. Eine Persönlichkeit wie Ignatius von Loyola, der Gründer des Jesuitenordens, der ursprünglich ein tapferer Offizier war, könnte gut ein drittes Kind gewesen sein.

Ein anderes, sehr typisches Beispiel ist der Kronprinz der einstmaligen österreichisch-ungarischen Monarchie, Erzherzog Rudolf von Habsburg. Zwei ältere Schwestern gingen ihm voraus, bevor er — 1858 — geboren wurde. Er hatte eine unglückliche Kindheit und litt sehr unter den strengen Gesetzen, unter die die Mitglieder der habsburgischen Dynastie sich beugen mußten. Er war ein frühreifes Kind, das es den anderen gern recht machen wollte und möglichst viele Freunde zu erwerben suchte. Aber die Strenge seines Vaters Franz Joseph und das unstete Leben seiner Mutter Elisabeth drängten ihn immer mehr in eine Verteidigungsstellung. Er war überzeugt, daß alle Menschen ihn zurückstießen und verachteten. Seine sehr modernen, fortschrittlichen Gedanken über Politik, die er in Aufsätzen und Memoranden niederlegte, fanden kein Verständnis; so geriet er in eine immer stärkere Isolation. Es gelang ihm auch nicht, das rechte Verhältnis zu seiner Frau zu finden und schließlich setzte er durch Selbstmord seinem Leben ein Ende. Er hatte sich in eine junge Baronesse verliebt; beide beschlossen, gemeinsam zu sterben. Er erschoß zuerst die Geliebte und mehrere Stunden später sich selbst.

Bei vielen dritten Kindern tritt ein solcher plötzlicher Bruch in ihrem Leben auf. Manche von ihnen sterben jung und auf plötzliche und oft ganz unerwartete Art. Nicht nur, daß Ferne und Vereinsamung um sie sind. Sie haben auch eine viel tiefere Beziehung zu der Realität des Todes, als das bei ersten und zweiten Kindern der Fall ist. Der Tod scheint gerade ihnen viel näher als allen übrigen Menschen zu sein.

Einer der führendsten Staatsmänner unserer Zeit hatte drei Kinder. Die Älteste, eine Tochter, ist verheiratet und hat wieder drei Kinder. Der Zweite ist ein Sohn; er ist Marineoffizier und ebenfalls verheiratet. Das dritte Kind war wieder eine Tochter, die seit Geburt zurückgeblieben gewesen ist. Sie konnte keinen normalen Schulunterricht erhalten und sah immer etwas dünn und dürftig aus. Im Alter von achtzehn Jahren ist sie gestorben.

Ein bedeutender Biologe unserer Tage hat eine Familie von vier Kindern. Die ersten drei sind Töchter. Dann kam, in einigem Abstand, noch ein Sohn. Die älteste Tochter ist verheiratet und hat wieder drei Kinder. Die zweite ist unverheiratet; sie ist eine schöne Erscheinung, sehr selbständig, und arbeitet in einem Film-Atelier. Die dritte Tochter war immer zart und mußte Brillen tragen.. Auch sie heiratete; nach ihres Mannes Tod aber kehrte sie ins Elternhaus zurück, wo sie seither ihrem Vater hilft. Der Sohn hat die Laufbahn des Vaters eingeschlagen; er ist als viertes ein erstes Kind.

Ich kannte eine Familie mit drei Töchtern. Sie wurden in Abständen von je zwei Jahren geboren. Die ersten beiden verstanden sich in ihrer Kindheit sehr gut miteinander; die dritte aber war für sie „die Kleine", die oft von ihren Spielen und Interessen ausgeschlossen war. Die Älteste heiratete und, obwohl sich ihre Heirat als ein Fehlschlag erwies, blieb sie bis zum Tode ihres Mannes bei ihm. Sie selber starb dann einige Jahre später. Die zweite Tochter wurde Künstlerin. Sie löste sich von der Familie, um ein freies und ungebundenes Leben zu führen; sie brach mit den Traditionen der Vergangenheit. Die dritte war als junges Mädchen introspektiv und starb mit noch nicht ganz siebzehn Jahren. Sie wurde das Opfer einer Epidemie und in ihrer Familie die einzige, die dieser Krankheit erlag.

Ich besinne mich auch einer anderen Familie. Die beiden ersten Kinder waren Mädchen, das dritte ein Sohn. Die älteste Tochter ist von durchschnittlicher und gewöhnlicher Art. Sie heiratete einen Mann, der von ihren Eltern sehr geschätzt wurde. Die Zweite hat sich von früh an zu einer selbständigen Persönlichkeit entwickelt. Sie studierte und ist eine bedeutende Kinder-Psychologin geworden. Das dritte Kind, ein Junge, war von frühester Kindheit an schwierig und in sich gekehrt. Als junger Mensch schloß er sich einer politisch-revolutionären Bewegung an, wurde in einen unbedeutenden terroristischen Anschlag verwickelt und beging, als er verhaftet werden sollte, mit achtzehn Jahren Selbstmord.

Bei einer anderen Familie mit drei Kindern war die Älteste die ganze Freude ihrer Eltern. Sie war ein sehr begabtes Mädchen und man sagte ihr eine bedeutende Karriere voraus. Sie starb jedoch an einem bösartigen Leiden, als sie noch nicht zwanzig Jahre alt war. Der Zweite ist ein Sohn, der notgedrungen nun die erste Stelle einnehmen mußte und unter dieser zwiespältigen Lage tief zu leiden hat. Die Dritte ist wieder ein Mädchen. Von Geburt an hatte sie eine schwere Mißbildung an einem Sinnesorgan und hielt sich deshalb dauernd im Hintergrund, obwohl sie glänzende Examina bestand. Sie leidet unter starken Minderwertigkeitsgefühlen und konnte sich im Leben erst spät, aber dann sehr aufopfernd, mit ihrer ganzen Persönlichkeit einsetzen.

Das sind einige typische Beispiele aus dem Leben dritter Kinder. Man erkennt daraus die komplizierte Veranlagung und die seltsamen Schicksale, die mit dieser Stelle in der Geburtenreihe zusammenhängen.

III

Das dritte Kind ist eine Persönlichkeit, der es besonders schwer fällt, ihr erstrebtes Ziel zu erreichen. Sie entfaltet sich oft rasch zur vollen Blüte, welkt aber ebenso schnell hin und vergeht dann plötzlich. Ein drittes Kind ist meist voller Versprechungen, die sich aber nur selten erfüllen. Die Drittgeborenen greifen in ihrem Streben zu hoch und haben dann nicht genug Zeit, um ihre Ziele zu erreichen.

Der große Sozialreformer Robert Owen war solch ein drittes Kind. (Er war der Sechste in einer siebenköpfigen Familie und stand deshalb an der dritten Stelle der Geburtenreihe). Sein ganzes Leben verbrachte er damit, nach einem Ziel zu streben, das viel zu hoch gesteckt war; seine heroischen und großartigen Bemühungen endeten mit einem vollen Mißerfolg. Sein groß angelegter sozialer Versuch in New-Lanark, seine Gemeinschaftssiedlung „New Harmony" in Amerika und die vielen ko-operativen sozialen Einrichtungen zerfielen meistens nach wenigen Monaten oder schon ehe sie angefangen hatten. Dennoch sind Owen's gewaltige Anstrengungen nicht umsonst gewesen, denn die Keime, die er gesät hat, begannen, wenn auch erst in späterer Zeit, aufzugehen. Seine Reformen im Erziehungswesen und in der Sozialfürsorge, die Gründung von Krankenversicherungen und der ko-operativen Bewegung haben schließlich wunderbare Früchte getragen und sind zu einem lebendigen Denkmal für das Werk dieses wahren Philanthropen geworden.

In Robert Owen tritt uns auch ein anderer wichtiger Zug im Charakter der dritten Kinder entgegen. Er war ein Mann der Zukunft. Die Ideen und Phantasien, die ihn bewegten, waren kein Irrtum; nur die Zeit war noch nicht reif für deren Erfüllung. Dessen aber war er sich nicht bewußt. Wie oft verkündete er, daß das tausendjährige Reich schon in wenigen Monaten anbrechen werde! Und dann konnte er sich nicht vorstellen, warum seine Gedanken nicht in wenigen Wochen das Land zum sozialen Umsturz führen würden. Die Kluft zwischen Ideal und Realität ist im Wesen dritter Kinder ganz besonders groß. Dieser innere Widerspruch wird ihnen oft zum Verhängnis.

Ein anderes berühmtes drittes Kind war die heilige Therese von Lisieux. Sie war das neunte Kind ihrer Eltern; dadurch war sie an einen dritten Platz der Geburtenfolge gestellt. Alle neun Geschwister waren Töchter. Vier von ihnen starben schon im Säuglingsalter oder in der frühen Kindheit. Die restlichen fünf Schwestern wurden alle Nonnen; die Jüngste ist mit vierundzwanzig Jahren als eine wahre Heilige gestorben. Über ihre Kindheit sagt sie selbst:* „Ich hatte ein empfindsames und hingebungsvolles Naturell und ich würde leicht meine Zuneigung an andere Menschen verschwendet haben, wenn jemand dagewesen wäre, der die Tiefe meiner Empfindungen verstanden hätte. Ich versuchte auch, natürlicherweise, mich mit Mädchen meines Alters anzufreunden; besonders mit zweien. Ich mochte sie beide gern und sie mich auch, soweit sie dazu fähig waren. Aber die Liebe, die uns von anderen Menschen zuteil wird, ist ja so begrenzt, so unzuverlässig! Es dauerte nicht lange, daß ich einsehen mußte, wie wenig ich von ihnen verstanden wurde." Das sind typische Regungen eines dritten Kindes. Das Gefühl der Verlassenheit im Zusammensein mit anderen Menschen ist manchmal so groß, daß es unüberwindlich zu sein scheint. Dann aber wird der Weg nach innen eingeschlagen, und manchmal führt er dazu, daß ein heiliger Mensch zur Entfaltung kommt. Doch sehr viel öfter entwickelt sich eine unzufriedene Persönlichkeit, die in bitterem Konflikt mit ihrer Umwelt steht.

Die heilige Therese mußte sich den inneren Frieden schwer erkämpfen. Immer wieder stiegen Anmaßung und Verachtung für andere in ihr auf. An ihre geistliche Mutter schrieb sie

* Alle Angaben und Zitate sind dem Buche „Autobiography of a Saint" (London 1958) entnommen.

einmal: „Nein, ich wende mich voll Verachtung ab und suche meine Zuflucht bei Jesus, dem ich sage, daß ich bereit bin, die Lehre vom Himmelsreich bis zum letzten Blutstropfen zu verteidigen. Was tut es, daß ich hier auf Erden nichts von solcher Schönheit entdecken kann; wenn es nur armen Sündern dazu verhilft, sie in der Ewigkeit zu schauen? Obwohl die Prüfung, die mir Gott auferlegte, mir alle Lebensfreude nimmt, kann ich Ihnen doch versichern, daß alles, was Er mir tut, nur beglückend für mich ist."

In diesen Worten enthüllt sich ihr Bemühen, die Natur des dritten Kindes zu überwinden. Sie versucht, der negativen Einstellung nicht nachzugeben, sondern sie in eine Tugend umzuwandeln. „Was tut es, daß ich hier auf Erden nichts von solcher Schönheit entdecken kann!" ruft sie aus — und weiß in ihrer tiefsten Seele nur zu gut, wie sehr sie sich nach dieser Schönheit sehnt.

Ein weiteres drittes Kind, das in sehr anderen Verhältnissen geboren wurde, dennoch aber Ähnlichkeiten mit der kleinen Heiligen aufweist, ist die jüngste Schwester des berühmten Geigers Yehudi Menuhin*. Er ist das älteste der drei Kinder. Vier Jahre nach ihm, 1920, wurde seine Schwester Hephzibah geboren und ein Jahr später folgte die zweite Schwester Yalta, als das dritte Kind. Die ganze Kindheit hindurch versucht sie, an die älteren Geschwister heranzukommen und sie einzuholen. Eine typische kleine Begebenheit wird erzählt: Als Yehudi acht Jahre alt war, reiste er mit seiner Mutter und den beiden Schwestern nach New York, um dort weiteren Geigenunterricht zu erhalten. Ein Freund der Familie kam auf die Bahn und „nahm ihn beiseite. Er ermahnte ihn, freundlich zu Yalta zu sein, denn er hatte an ihm die Neigung entdeckt, sich mit Hephzibah gegen die kleine Schwester zu verbünden." Das ist bezeichnend für das Schicksal eines dritten Kindes.

* Alle Zitate sind dem Buche von R. Magidoff: „Yehudi Menuhin" (London 1956) entnommen.

Nicht nur Yehudi war das Wunderkind in seiner Familie – auch seine beiden Schwestern waren sehr musikalisch und spielten schon als Kinder glänzend Klavier; besonders Hephzibah. „Die kleine Yalta behauptete sich neben den beiden älteren Kindern, wenn auch ihre Bemühungen etwas ungewöhnlich waren. Was ihr an Genauigkeit fehlte, ersetzte sie durch allerhand theatralische Einfälle und Improvisationen, die Yehudi und Hephzibah großen Spaß machten oder in Staunen versetzten. Auf diese Art versucht sie in die Reihe der beiden älteren Geschwister aufgenommen zu werden."

Eine andere charakteristische Szene ist die folgende: „Die Mittagsmahlzeit war für die Tischgespräche reserviert, bei denen sich die achtjährige Hephzibah besonders hervortat und dabei eine glänzende Unterhaltungsgabe bewies. Ihre am wenigsten respektvolle Zuhörerin war die jüngere Schwester Yalta, die sich selten die Gelegenheit zu einer spöttischen Bemerkung entgehen ließ. . . . Von Zeit zu Zeit versuchte sich Yalta mit einer eigenen Geschichte, die sie aus dem Stegreif weiterspann, wobei sie sich aber oft in Widersprüche verwickelte und im Schwall ihrer eigenen Worte sich verhaspelte."

Hier wird wieder etwas deutlich, was für ein drittes Kind bedeutsam ist. Yalta versucht nicht nur, es im Geschichtenerzählen ihrer älteren Schwester gleichzutun; sie möchte sie darin noch übertrumpfen. So überpurzeln sich ihre Gedanken und Worte, weil sie den Drang hat, so schnell als möglich ans Ziel zu kommen. Als Folge dieses übertriebenen Eifers läuft sie zu rasch, stolpert und fällt. Viele dritte Kinder versuchen ein Ähnliches: zu schnell durchs Leben zu laufen! Sie bleiben dann müde und erschöpft am Wegrand liegen.

Wir könnten Beispiel auf Beispiel anführen, um die Wesenszüge des dritten Kindes zu beschreiben. Vielleicht aber ist es wichtiger, zunächst ein Gesamtbild des Lebensschicksals Drittgeborener zu geben. Ihre Natur ist sehr kompliziert und wir sahen bereits, daß sie sich nach den verschiedensten Richtungen entwickeln kann. Zum Heiligen, zum Helden, zum enttäuschten Menschenverachter, zum Pionier oder zum bedeutenden Künstler: alle diese Möglichkeiten sind im dritten Kind veranlagt. Selten aber wird sein Leben friedlich und gleichmäßig verlaufen. Ein drittes Kind wird nie mit seinen Leistungen zufrieden sein; immer weiter und immer höher strebt es über sich hinaus.

Eine Gestalt aus der griechischen Mythologie erscheint: Phaeton, der Sohn des Helios. Er bittet seinen Vater, ihn den Sonnenwagen, nur für einen Tag, über den weiten Himmel lenken zu lassen. Nach langem Überlegen erlaubt es Helios und Phaeton besteigt das Fahrzeug. Seine Kraft reicht aber nicht hin, die stürmischen Sonnenrosse zu bändigen. Sie gehen mit ihm durch, kommen der Erde zu nah und setzen die Welt in Flammen. Zeus selbst muß eingreifen, um eine Katastrophe zu verhindern. Er schleudert seinen Blitz gleich einem Speer und tötet Phaeton, der in den Fluß Eridanos stürzt und ertrinkt.

Diese Erzählung ist wie ein Urbild für das Schicksal Drittgeborener. Sie stecken sich zu hohe Ziele, die über ihre Kräfte hinausreichen; ein plötzliches und oft unvorhergesehenes Ende besiegelt dann ein in sich edles aber tragisches Schicksal.

Es gibt noch ein anderes Bild, das dem Wesen des dritten Kindes gleichnishaft entspricht. In der Schöpfungsgeschichte heißt es: „Adam erkannte abermals sein Weib, und sie gebar einen Sohn, den hieß sie Seth; denn Gott hat mir, sprach sie, einen anderen Samen gesetzt für Abel, den Kain erwürgt hat. Und Seth zeugte auch einen Sohn, und hieß ihn Enos. Zu der Zeit fing man an, zu predigen von des Herrn Namen."

Mit diesem dritten Sohne Seth begann ein neues Kapitel der Menschheitsgeschichte. Er wurde Stammvater aller Geschlechter bis hin zu Noah, der die Sintflut überlebte. Kain war der erste, Abel der zweite und Seth der dritte. Eine der schönsten alten Legenden berichtet von Seth, von dem die Bibel nur den Namen erwähnt. Diese Legende erzählt, daß Seth — voll Mitleid für seinen alten Vater Adam, der von schwerer Krankheit befallen ist — sich auf den Weg macht, um die Pforten des Paradieses zu suchen. Er erreicht sie auch und darf eintreten. Dort erhält er drei Samenkörner, die vom Baume des Lebens genommen wurden. Er trägt dieses kostbare Geschenk mit sich zurück in seine Heimat. Als Adam stirbt, begräbt er die drei Samenkörner unter seines Vaters Zunge. Aus dessen Grab wächst dann ein Baum, dessen Holz zum Stab des Moses, zu den Säulen des salomonischen Tempels und schließlich für das Kreuz von Golgatha verwendet wird.

Phaeton und Seth sind von verwandter Art. Phaeton möchte jedoch an Stelle seines Vaters Helios den Sonnenwagen lenken; er stürzt zu Tode. Seth hingegen empfindet Mitleid für seinen Vater. Er sucht das Paradies und findet es. Von dort zurückgekehrt, hält er die Zukunft der Menschheit in seinen Händen. Er versenkt die drei Samenkörner in den Boden der Vergangenheit — unter seines Vaters Zunge — und leitet dadurch die Erlösung der Menschheit ein.

Phaeton und Seth — beide sind Wegbereiter der Zukunft. Der eine erreicht die Erfüllung seines Strebens nicht; der andere gelangt deshalb ans Ziel, weil er sich selber bezwingt. In beiden enthüllt sich die schicksalhafte Bestimmung des dritten Kindes. Phaeton erliegt seinem Schicksal, Seth aber kann, durch Selbstüberwindung, sein eigenes Schicksal meistern.

IV

Mit der Beschreibung des dritten Kindes sind wir ans Ende unserer Betrachtungen über die Geburtenfolge gekommen. Es gibt nicht mehr als diese vier Grundtypen von Kindern und Menschen in ihrer sozialen Verhaltens-Struktur: Das einzige

Kind, das Erstgeborene, das Zweite und das Dritte. So wie das einzige Kind nur ein Sonderfall des ersten ist, so kann das dritte die Besonderheit an sich haben, ein letztes Kind zu sein: der Spätling und Nachzügler, der in der Familie oft einen besonderen Platz einnimmt. Er wird dann zu einem verwöhnten und von jedermann verzogenen Liebling, der dadurch oft fürs Leben verdorben wird. Er kann sein Schicksal aber auch bewältigen und umgestalten. Dann wird er — dem kleinen Däumling gleich — die Welt erobern.

Ein viertes Kind ist wie die Taschenausgabe des ersten Kindes, und die sozialen Eigenschaften eines fünften und sechsten Kindes gleichen wieder denen des zweiten und dritten. Die folgende Aufstellung gibt eine Übersicht der Entsprechungen innerhalb der Geschwisterreihe.

Einziges Kind	Erstes	Zweites	Drittes	
	Viertes	Fünftes	Sechstes	
	Siebentes	Achtes	Neuntes	
	Zehntes	Elftes	Zwölftes	
	und so weiter			letztes Kind

Aus dieser Tabelle ist die Gliederung der Geburtenfolge für alle Kinder deutlich zu erkennen. Es ist wichtig zu wissen, daß vom vierten Kinde an die Merkmale der ersten drei Geschwister sich wiederholen. Ein viertes Kind ist ähnlich traditionsgebunden wie das erste; ein fünftes unbekümmert wie ein zweites; und ein sechstes oder neuntes entspricht in jeder Art dem Drittgeborenen.

Bei den späteren Kindern sind jedoch die Wesenszüge nicht so deutlich ausgeprägt, wie es bei den ersten drei der Fall ist. Die Schicksalswege der späteren Söhne und Töchter lassen sich deshalb nicht mehr so deutlich wie in den drei erstgeborenen Geschwistern erkennen. Auf der Bühne des Lebens werden die ersten drei meistens die Hauptrollen spielen, während sich die anderen mehr im Hintergrund halten. Sie bilden die Statisten und den Chor; zu Hauptdarstellern reicht es nur selten.

Manchmal allerdings wird einer unter ihnen die Regel durchbrechen, um zu den höchsten Höhen menschlicher Leistungen emporzusteigen. So war Wolfgang Amadeus Mozart das siebente Kind und Therese von Lisieux das neunte. Die Schwestern Emily und Anne Brontë — berühmte Dichterinnen ihrer Zeit — stehen an fünfter und sechster Stelle ihrer Geschwisterreihe. Dies aber sind die Ausnahmen, welche die Regel bestätigen.

Die hier dargestellten drei Formen des Menschseins bilden die drei Urbilder unseres sozialen Schicksals. Als erstes Kind wird der Mensch zum Hüter der Vergangenheit; als zweites Kind lebt er in der Gegenwart; und als drittes bereitet er die Zukunft vor. Der Hüter der Vergangenheit ist ein Herrscher. Das Kind der Gegenwart ist ein Künstler. Der Bahnbrecher des Zukünftigen gehört dem Reiche des Irrationalen an. Alle drei sind notwendig für das gewaltige Maschenwerk menschheitlicher Existenz.

Kehren wir zum Bild des Tempels zurück, das wir im vorigen Kapitel beschrieben haben, so sagten wir dort: „. . . dann sind es die ersten Kinder, die dauernd dabei sind, die Fundamente dieses Tempels zu legen und zu erhalten. Dieser Menschhcitsbau gründet sich auf die Arbeit der Erstgeborenen; auf das, was sie auf Erden erdulden und ertragen im Erleben der Erdennöte. Die zweiten Kinder aber bilden die Säulen und Architrave dieses Tempels. Sie stützten sich auf die Fundamente, die ihre älteren Brüder und Schwestern gelegt haben. Sie selber streben nach aufwärts und tragen das Dach — das Sinnbild des Himmels, der sich über uns wölbt." Und was bleibt für die dritten Kinder zu tun? Sie sind die Dachdecker! „Zwischen Himmel und Erde" vollbringen sie ihr Werk und sorgen dafür, daß die Kuppel des Tempels geformt wird. Es ist ein hohes Amt, ein drittes Kind zu sein – und ein sehr gefahrvolles. Deshalb erliegen so viele von ihnen auf ihrem Wege zum Ziel. Was aber würden wir ohne die Dachdecker tun? Ohne die Künder des Irrationalen, die die Zukunft erschauen, als wäre sie schon die Gegenwart?

EPILOG

„Gelobt sei das Schicksal der ersten Kinder! Sie wandeln auf den Spuren der Schöpfung. Das Bildnis des Vater-Gottes ist ihren Stirnen eingeprägt.

Gelobt sei auch die Aufgabe der zweiten Kinder. Sie wahren und bereichern unser Leben; sie erfüllen es mit Freude und Schönheit und helfen uns, die Schwere des Daseins zu überwinden. In ihren Herzen ist das Antlitz Christi eingeschrieben.

Gelobt seien die Zukunfts-Ahnungen der dritten Kinder. Sie bereiten für uns das Kommende vor. Sie suchen nach neuen Lebensformen. Sie verzehren sich im Dienste an anderen. In ihren Händen tragen sie das Zeichen des Heiligen Geistes."